MW01277231

Cocinas del mundo | **México**

México

Con los platos de:

Alicia Gironella De'Angeli

Martha E. Ortiz Chapa • Patricia Quintana

Cocinas del mundo

COCINAS DEL MUNDO - **México**

Idea original
Jaume Fàbregas

Dirección editorial
Juan Manuel Bellver

Coordinación de la colección
Núria Egido

Asesoramiento gastronómico
Xavier Agulló
Iñaki López de Viñaspre
R. de Nola
Jorge Osés Labadie

Maridaje vinos/platos (*)
Juancho Asenjo
Luis García de la Navarra

Realización
Mercè Bolló
Esther Buira
Lola Hernández
Carles Llurda
Meritxell Piqué
Carlos Raventós
Pau Raya Castell
Miguel Ángel Sánchez

Fotografía
Daniel Loewe / Joan Jolis, S.L.
Guillermo Kahlo
Ignacio Urquiza

Edita
Ciro Ediciones, S.A.

Maquetación
New Color Book, S.L.

Diseño de cubierta
WEP Milano

Preimpresión
Digitalscreen

Impresión
Cayfosa Quebecor

Agradecimientos
www.goormet.com por la selección
y búsqueda de restaurantes

Todos los platos de la cocina tradicional mexicana han sido elaborados por M.ª Eugenia Morán Walch, del acreditado restaurante María Bonita.

ISBN 84-609-5056-5 (obra completa)
ISBN 84-609-5062-X (volumen XXII - México)
Depósito Legal: B.20718-2005

© de las fotografías introducción y bebidas: Stock Photos, Agencia Cover
(*) La elección y comentario de los vinos que acompañan a las recetas
    son obra de Juancho Asenjo y Luis García de la Navarra

Sumario

Para abrir boca

México, país de los mil sabores

Escribir acerca de México es para mí un orgullo, porque soy un enamorado de ese gran país, grande tanto en extensión como en su gastronomía, enriquecida no sólo por las milenarias raíces de la cultura azteca, maya, totonaca, olmeca, taraumara, sino también por su capacidad para absorber otros nuevos y lejanos sabores, como sucedió con la llegada de Hernán Cortés, iniciando lo que hoy llamaríamos cocina de fusión.

La gastronomía mexicana conquista a todos los que tienen la suerte de poder conocerla en directo, porque es mucho más que unos burritos o algunos tacos, es una cocina basada en la riqueza de sus materias primas (que, además, fueron llegando a nuestro viejo continente enriqueciéndolo tanto: el chocolate, el maíz, los frijoles y un sinfín de ingredientes desconocidos hasta ese momento y que hoy son fundamentales en la cultura española y europea); una cocina que utiliza cereales y legumbres consiguiendo un equilibrio dietético envidiable.

Hoy se puede viajar por esta tierra de altos picos, grandes llanuras y fértiles campos, bosques de pinos llenos de setas, impenetrables pantanos, junglas

espesas y tierras secas, porque México nos permite mirar sin prisas a su gen-
te, también sus colores y, de este modo, saborearla y olerla, pero aún más en-
riquecedor: hablar con sus gentes, y, por supuesto, ir a sus mercados.

El mercado de abastos del DF es toda una experiencia para la que harían fal-
ta cuatro días si se le quiere dar el tratamiento que se merece. Id y probad sus
agüitas hechas de papaya, limón, mango, nopal, mora; sus antojitos y botanas
para comer entre horas, las gorditas de frijol, buñuelos de flor de calabaza, ceviches, guacamole con el mejor aguacate del mundo; los burritos y sus platillos
principales (moles, tamales, chiles rellenos y sus carnitas). Id y disfrutad de los
postres propios o los llegados con las religiosas: empanadas, chocolate, miles
de helados (de melón, guanábana, tamarindo con chile...). Y, por último, id y
saboread un tequila añejo, néctar divino del agave azul.

Koldo Royo

Cocinas del mundo: México

La cocina mexicana es el mejor ejemplo de la fusión entre dos culturas gastronómicas sin apenas puntos en común: las recetas aztecas, basadas en el maíz, el chile y los frijoles, y la cocina de los colonizadores españoles, que introdujeron las especias y convirtieron la carne en un elemento esencial. El resultado es una de las cocinas más variadas del mundo.

Como sucede con la mayoría de gastronomías consideradas exóticas, antes de acercarse a la cocina mexicana conviene desprenderse de ciertos tópicos que tienden a desvirtuar sus verdaderas cualidades. El principal lastre que arrastra la gastronomía mexicana es la tendencia al picante, una característica que puede llegar a intimidar a los gastrónomos occidentales. Y aunque es cierto que el chile es uno de los ingredientes básicos en Centroamérica, conviene matizar que existen decenas de variedades de este tipo de pimiento, con distintos sabores y grado de picor. El desconocimiento de la realidad de la cocina mexicana resulta especialmente sorprendente en España, debido a que fueron los colonizadores españoles los protagonistas de la principal revolución en la cocina mexicana en el siglo XVI. A partir de aquel siglo, alimentos nativos como las tortas de maíz, las judías, los chiles, los tomates y la calabaza se fundieron con las especias, el trigo, los garbanzos, la cebolla o la carne llegada del Viejo Continente. El resultado de aquella combinación es una gastronomía muy rica y variada, con un marcado carácter nacional pero también con las inevitables diferencias regionales.

La cocina azteca
Desde la llegada de los españoles, la cocina

mexicana se ha mantenido prácticamente inalterable, con la única excepción de la influencia francesa en el campo de los dulces. Así, para comprender la esencia de los platos tradicionales mexicanos conviene retroceder hasta el tiempo de la civilización azteca, que llegó al valle de México a principios del siglo XII. Este pueblo desarrolló una sofisticada gastronomía cortesana, basada en ingredientes desconocidos en Europa en aquella época.

Entre los elementos imprescindibles de la cocina azteca destaca el maíz, cuyo origen se atribuye al dios Quetzalcóatl.

La leyenda cuenta que después la creación de los hombres con harina de piedra preciosa amasada con sangre donada por todos los

dioses, Quetzalcóatl fue el encargado de hallar un alimento para mortales y divinidades. En su búsqueda se topó con una hormiga roja que cargaba un grano de maíz. El dios preguntó a la hormiga sobre el origen de aquel grano, pero el pequeño insecto no quiso revelarle el camino hacía el Monte de Nuestro Sustento, donde crecían el maíz y otros alimentos. Ante la insistencia de Quetzalcóatl, la hormiga le mostró el lugar donde se encontraba el monte pero el dios tuvo que transformarse en hormiga para poder entrar. De allí, Quetzalcóatl logró llevarse algunos granos de maíz, que llevó al hogar de los dioses. Su difusión entre los hombres parece corresponder, sin embargo, al dios Nanáhuatl, que lanzó un rayo sobre el monte y permitió que los

mortales disfrutaran de los alimentos que allí se escondían.

Desde entonces, el maíz resulta un ingrediente básico en la gastronomía mexicana y uno de los elementos unificadores de sus cocinas regionales. El maíz es el ingrediente principal de las tortillas, que en México se compran en pequeños locales donde acostumbran a formarse largas colas. Las tortillas están presentes en prácticamente todas las comidas, como acompañamiento de platos o para envolver alimentos y comer sin cubiertos. Así, pueden citarse decenas de platos elaborados con tortillas: taco, cuando se rellenan con salsa y una mezcla de carnes u otros ingredientes; enchiladas,

dobladas en dos y rellenas con chile; totopos, elaborados con tortillas fritas, cortadas en forma de triángulo y servidas con queso fundido o salsas de chile; quesadillas, rellenas de queso y un poco de chile, y servidas calientes; tostadas, cuando se sirven fritas y cubiertas con frijoles, carne, queso o ensalada; o chilaquiles, fritas y cocinadas en salsa de queso y crema. Este tipo de platos, sencillos y preparados para comer a cualquier hora, se conocen en México como "antojitos".

Otras recetas basadas en masas de harina de maíz son los tamales, en los que la masa se envuelve con hojas de mazorcas de maíz o de plátanos, se rellenan de carne u hortalizas y se cuecen al vapor. En el norte del país, cerca de la frontera con Estados Unidos, se elaboran tortillas de harina de trigo. En este caso, al tomarse rellenas de carne, frijoles o queso toman el nombre de burritos. Precisamente, el contacto con Estados Unidos ha resultado clave en la difusión en todo el

mundo de la cocina *tex-mex,* que funde elementos de las gastronomías mexicanas y del estado de Texas.

Chile y frijoles

Junto a las tortillas de maíz, el otro elemento distintivo de la cocina mexicana son los chiles, que pueden servirse crudos, cocidos, estofados, rellenos, triturados, en polvo, rebozados o fritos. Sin embargo, la preparación más habitual es en salsas que aportan sabor, color y aroma a los platos que acompañan. Su origen también se remonta a la época prehispánica, tiempo en que los mexicanos se acostumbraron a su fuerte sabor, aunque el grado de picor del chile depende de la región donde se cultive o la forma de preparación. Los chiles se emplean tanto secos como frescos. Entre los primeros, destacan el poblano, muy popular para rellenar; el jalapeño, empleado en escabeches; el piquín, pequeño y muy picante; o el serrano o verde, utilizado en salsas crudas o cocidas, y en guisados. Entre los chiles secos se encuentran el pasilla o achocolatado, el chipotle, el largo o el piquín seco. El trío de productos autóctonos se cierra con las nutritivas alubias o frijoles. En cualquier mercado mexicano pueden encontrarse fondas con ollas de frijoles siempre a punto. También existen muchas variedades y formas de preparación, entre las que destacan los frijoles caldosos, servidos en cuencos y acompañados de tortillas de maíz, y los frijoles refritos, cocidos en aceite o manteca de cerdo con

especias y convertidos en puré. Otro producto original de México son las calabazas y calabacitas, que suelen prepararse fritas, cocidas o en ensaladas. Sus semillas también se usan en una salsa conocida como pipian. También destaca el guajolote (pavo), ave de origen mexicano, los tomates y tomatillos, o una gran variedad de frutas. Sin duda, otra de las sorpresas que descubrieron los colonizadores españoles, encabezados por Hernán Cortés, fue el cacao, con el que los aztecas preparaban el *tchocolatl*. Aquella bebida era muy amarga y no acabó de agradar a los españoles, que sí se sorprendieron del valor de la vaina de cacao, que los nativos utilizaban como moneda de trueque. Años después, la mezcla del cacao con azúcar convertiría el chocolate en uno de los ingredientes más deseados en todo el mundo.

Una nueva cocina

Los españoles permanecieron en México durante tres siglos, tiempo suficiente para introducir una larga lista de nuevos ingredientes y formas de cocción que, combinados con la herencia azteca, crearon una nueva cocina mexicana. Entre la aportación de los españoles destacan las especias y hierbas, como la canela, la pimienta negra, los clavos, el tomillo o el laurel; el trigo, la cebolla o la carne. Hasta aquel momento, el consumo de carne era un lujo en México, pero los españoles introdujeron el ganado para la producción de leche, queso o carne. En cuanto a los sistemas de cocción, los colonizadores trajeron la fritura, ya que hasta aquel momento los alimentos sólo se cocían o asaban.

Entre los platos que mejor simbolizan la fusión entre la cocina autóctona mexicana y la cocina europea pueden citarse las mismas tortillas rellenas de carne o el mole, un tipo de guiso considerado el plato nacional. Cuentan que cuando Hernán Cortés conquistó México quiso celebrar su gesta con un gran banquete, en el que se sirvió carne de cerdo traída de España. Ante la ausencia de pan, los comensales comieron el cerdo envuelto en las

tortillas autóctonas, en los que pudieron ser los primeros tacos de la historia. Por su parte, el mole es un guiso de carne de pollo, de guajolote o cerdo que se prepara con una salsa de chiles y distintas especias. Mientras la salsa es de origen azteca, su conversión en guiso corresponde a los conventos de la colonia española. La leyenda cuenta que el mole nació de los nervios del cocinero principal de un convento de Puebla, fray Pascual, ante la llegada de Juan de Palafox, virrey de la Nueva España y arzobispo de Puebla. Ante el desorden en la cocina, fray Pascual empezó a recoger todos los ingredientes que encontró para guardarlos en la despensa, con tanta mala fortuna que tropezó y cayeron dentro de una cazuela donde se preparaban unos guajolotes. Sin tiempo para arreglar el desaguisado, se sirvió este plato con gran éxito; era el nacimiento del mole. A lo largo de los siglos, cada región mexicana ha desarrollado su propio guiso, entre los que destacan el mole de Puebla, elaborado con una treintena de ingredientes, o los siete moles de Oaxaca (negro, rojo, coloradito, chichilo, verde, amarillo y manchamanteles).

Platos regionales

La fama de la cocina mexicana proviene principalmente de los platos elaborados en el centro y el sur del país, donde se fundieron con

mayor habilidad las tradiciones nativas y las novedades europeas. El plato estrella de México central es el mole de Puebla, uno de los estados de mayor riqueza gastronómica y donde nacieron muchos de los antojitos. También han logrado un notable reconocimiento los dulces de mazapán y pastas, herencia de la labor en los fogones de los conventos pero también de la presencia francesa en el siglo XIX. Como es habitual, el Distrito Federal, capital mexicana, recoge buena parte de las cocinas regionales del país. En los estados de su alrededor destacan desde la carne salada o los enormes frijoles morados (ayocotes) de Morelos hasta las enchiladas mineras de Guanajuato o el pollo del hortelano de Querétaro. Los estados occidentales, de gran riqueza natural, también recogen buena parte de los platos más tradicionales del país. Jalisco, famoso por su tequila, también merece atención por el pozole, una sopa de carne con enormes granos de maíz, el gazpacho tapatío, o los camarones al tequila con arroz. Pese a la presencia de españoles, franceses o ingleses, la cocina jalisciense conserva el sabor tradicional nacido en las fiestas y verbenas

populares. El estado de
Michoacán presenta una
gran variedad de recetas,
entre las que destacan las
carnitas michoacanas; el
pescado rebozado, con
una carne muy suave; los
uchepos, una variedad
de tamales elaborados
con elote, frijoles y
espolvoreados con queso;
la olla podrida, con carnes
y verduras de origen
europeo; o el pollo placero.

En el golfo, la cocina
de Veracruz combina la
riqueza de sus frutos del
mar, que sin duda atrajeron
a los primeros habitantes
del estado, con su papel
de principal puerto
mexicano durante la
colonización española
y origen del mestizaje
gastronómico. Entre sus
pescados y mariscos
destaca el huachinango
(pescado rojo) a la

veracruzana, el pulpo
en su tinta, las empanadas
de camarón o las
preparaciones en
escabeche.

Herencia maya
En el sur, la cocina de
Yucatán adquiere un
significado especial. Junto
a su estrecha relación con
la historia y la leyenda, la
mayoría de sus platos
descienden de los mayas

y se caracterizan por el uso de achiote, una semilla que se mezcla con varias especias para formar una pasta que condimenta aves, pescados y carnes de faisán, venado o jabalí. También destacan los salbutes y panuchos, dos tipos de tortillas de maíz rellenas de pavo o pollo, el queso relleno o el *poc-chuc,* un guiso de carne de cerdo con salsa de cebollas asadas y naranjas amargas.

La cocina del estado de Campeche es similar a la yucateca, aunque los ostiones fritos o los huevos cocidos envueltos en hojas de plátano le otorgan una personalidad propia.

Pese a su escaso peso en la cocina nacional, conviene no desdeñar la rústica comida de la zona norte. Los estados de Sonora y Chihuahua, fronterizos con Estados Unidos, son el único lugar del país donde el maíz se ve obligado a compartir protagonismo con el trigo. Pese a no contar con tanta variedad de platos, sí destaca la habilidad de sus habitantes para conformar sencillas recetas a partir de los ingredientes de la tierra y el mar. En Sonora se elaboran las chivichangas, tortillas de maíz con carne de res, tomate y chile; la machaca, un guiso con carne, patatas y otras verduras; o la gallina pinta. Por su parte, los chihuahuenses se caracterizan por un estilo propio de sazonar los platos y por la práctica de deshidratar la carne, las verduras o las frutas, también habitual en el estado de Nuevo León.

Entre sus principales platos figuran la carne seca y el chile pasado, combinado a menudo con el queso ranchero. En Coahuila destacan el cabrito al horno y el pan de pulque, elaborado con una bebida alcohólica obtenida de la fermentación del aguamiel.

Tras desmontar tópicos y comprobar la riqueza gastronómica de México, llegó el momento de descubrir, receta a receta, cómo lograr platos exquisitos con una sencilla combinación de ingredientes y el hábil uso de especias. Eso sí, sin olvidar nunca que el grado de picante siempre debe depender del atrevimiento del comensal o, en casos extremos, del deseo de venganza del cocinero ante alguno de sus invitados…

Cocinas del mundo

Antojitos

Totopos con queso
Nachos con queso

Ingredientes para 4 personas
8 tortillas de maíz
Queso cheddar

El vino
Acompañar de un vino blanco
fermentado en barrica con
D.O. Valdeorras, de la variedad
godello, o de un vino blanco seco
(Trocken) sin crianza en barrica de la
zona del Mosela-Sarre-Ruwer
(Alemania), elaborado con riesling,
o con una cerveza suave mexicana.

Se cortan las tortillas de maíz (ver *Enchiladas rojas*) en triángulos y se fríen en aceite abundante a temperatura elevada
hasta que los nachos estén dorados y crujientes. Se funde
el queso y se sirven por separado para que los comensales
vayan untando los nachos en el queso.

Los nachos pueden acompañarse con varias salsas
mexicanas y son excelentes botanas muy populares en todo
México.

Enchiladas rojas
Tortillas rellenas de pollo bañadas con salsa de tomate

Dificultad: baja
Preparación: 30 minutos
Cocción: 20 minutos

Ingredientes para 4 personas

8 tortillas de maíz
350 g de de pollo
200 ml de crema agria
2 cebollas
1 diente de ajo
4 tomates
2 chiles serranos
Perejil (o cilantro)
Sal

Para las tortillas de maíz (8 unidades):

200 g de harina de maíz
200 ml de agua tibia
Sal

El vino

Acompañar de un vino blanco sin crianza en barrica con D.O.Ca. Rioja, de la variedad viura, o de un vino tinto sin crianza en barrica de la zona de Querétaro (México), de la variedad mission.

Para preparar las tortillas, se echa la harina de maíz en un cuenco grande junto con la sal y se va agregando agua tibia y trabajando la mezcla hasta obtener una masa homogénea y flexible. A continuación, se divide la masa en ocho porciones, se forman ocho bolas y, con ayuda de un rodillo, se aplanan hasta obtener círculos de unos dos o tres milímetros de grosor. Se cuecen las tortillas en una sartén antiadherente o una plancha por ambos lados durante un par de minutos, hasta que los bordes empiezan a rizarse y se reservan.

Seguidamente, se trocea una cebolla y se pica el diente de ajo. Se sofríen en una sartén con aceite y, cuando están dorados, se incorporan la cantidad de chile deseada según el gusto por el picante, los tomates pelados y picados, la sal y el perejil. Se deja sofreír a fuego lento durante un cuarto de hora o veinte minutos aproximadamente y se reserva.

El pollo se hierve (se puede aprovechar para preparar un fondo de ave) y, cuando está frío, se desmenuza y se sofríe brevemente en una sartén con un poco de cebolla picada en juliana. Se calientan las tortillas brevemente en la sartén, se rellenan con el pollo desmenuzado y se cierran formando un rollo. Se calienta la salsa de tomate y se vierte encima. Puede gratinarse el conjunto en el horno con un poco de crema agria y queso rallado encima.

La enchilada es una herencia del pueblo maya y forma parte de la cultura del maíz, puesto que se elabora con las características tortillas mexicanas.

Enchiladas verdes
Tortillas rellenas de pollo bañadas con salsa de tomate verde

Dificultad: baja
Preparación: 30 minutos
Cocción: 20 minutos

Ingredientes para 4 personas
8 tortillas de maíz
350 g de pollo
250 g de tomatillos verdes
2 cebollas
1 diente de ajo
1 chile serrano
Cilantro (o perejil)
Sal

El vino

Acompañar de un vino blanco fermentado en barrica con D.O. Calatayud, de la variedad garnacha blanca, o de un vino tinto sin crianza en barrica de la zona de Baja California (México), de la variedad petite sirah.

En primer lugar se preparan las tortillas de maíz (ver *Enchiladas rojas*), se cuecen en una sartén antiadherente o una plancha y se reservan. Se desmenuza el pollo hervido, se sofríe con un poco de cebolla, se condimenta con sal y se reserva. Se rehoga en una sartén la cebolla restante y el diente de ajo picados, se incorporan los tomatillos troceados, el chile, el cilantro y la sal y se deja sofreír todo unos quince minutos. A continuación, se pasa por el colador chino para obtener una salsa verde cremosa y tersa y, para terminar, se rellenan las tortillas con el pollo desmenuzado y se enrollan. Como en el caso de las enchiladas rojas, si se desea puede gratinarse brevemente en el horno con un poco de queso rallado encima.

El tomatillo o tomate verde es típico de México y se recomienda no darle una cocción demasiado prolongada para que no amargue. Puede conseguirse ya triturado en lata en comercios especializados.

Enchiladas con mole poblano
Tortillas rellenas de pollo bañadas con mole

Dificultad: media
Preparación: 1 hora 15 minutos
Cocción: 45 minutos

Ingredientes para 4 personas

8 tortillas de maíz
350 g de pollo
1 cebolla
Queso rallado
Sal

Para el mole:

4 chiles anchos
4 chiles pasilla
4 chiles mulatos
4 chiles mora
100 g de cacahuetes
100 g de plátano macho
(opcional)
100 g de mantequilla
1 cebolla
1/2 cabeza de ajos
1 tomatillo
50 g de almendras
50 g de avellanas
50 g de pasas
1/2 bolillo
1 tortilla dura
1 tableta de chocolate
2 clavos de olor
1 cucharadita de ajonjolí
1 cucharadita de pimienta
1 cucharadita de canela
1 cucharadita de orégano
Fondo de ave
Sal

El vino

Acompañar de un vino blanco fermentado en barrica con D.O. Navarra, de la variedad chardonnay, o de un vino tinto con poca crianza en barrica de la zona de Santa Cruz Mountains (EE.UU.), de la variedad zinfandel.

Se elaboran las tortillas de maíz (ver *Enchiladas rojas*), se tuestan en una sartén antiadherente o una plancha y se reservan. Se hierve el pollo, se desmenuza y se sofríe con un poco de cebolla.

Para preparar el mole, se fríen primero en la mitad de la mantequilla los distintos tipos de chile, limpios, desvenados y sin semillas junto con el medio bolillo (panecillo), la tortilla dura (del día anterior) cortada en trozos pequeños, los frutos secos machacados, el plátano macho picado y las especias. Paralelamente, se asan la cebolla, el tomatillo y la media cabeza de ajos, se pelan y se trocean. Cuando estos dos preparados están listos, se tritura todo finamente hasta obtener una pasta espesa. Se pone entonces en un cazo el resto de la mantequilla y, cuando está derretida, se agrega el chocolate y se remueve hasta que funda. Se incorpora la pasta previamente preparada y se refríe todo hasta que quede perfectamente mezclado. Para terminar, se va agregando el caldo de ave caliente hasta conseguir la consistencia deseada de la salsa.

Se preparan las enchiladas rellenando las tortillas con el pollo desmenuzado y enrollándolas. Se disponen en una fuente o en los platos y se riegan con el mole.

Aunque las enchiladas clásicas son las de pollo, también pueden prepararse con falda de ternera deshebrada o incluso con verduras. El mole, no obstante, se combina normalmente en México con la carne de pollo y de guajolote (pavo).

Frijoles refritos con totopos
Alubias pintas refritas con nachos

Dificultad: media
Preparación: 1 hora 30 minutos
Cocción: 1 hora

Ingredientes para 4 personas
400 g de frijoles
250 g de queso fresco
2 cebollas
4 dientes de ajo
1 hoja de laurel
Epazote
Cilantro
Aceite
Sal

Para los nachos:
8 tortillas de maíz
Aceite

El vino
Acompañar de un vino tinto seco con crianza en barrica de estilo tradicional con D.O.Ca. Rioja, de las variedades tempranillo y mazuelo, o de un vino tinto con crianza en barrica con D.O.C. Rosso di Montalcino (Italia), de la variedad brunello.

Los frijoles deben dejarse en remojo la noche anterior. Se pone una cacerola al fuego con agua y sal. Cuando el agua empieza a hervir, se incorporan los frijoles, una cebolla, los cuatro dientes de ajo, el laurel y el epazote (o, en su defecto, perejil) y se cuecen a fuego vivo hasta que estén tiernos. A continuación, se pica la otra cebolla y se acitrona en una sartén con aceite, es decir, se rehoga hasta que esté blanda y translúcida. Se pasan los frijoles, que deben dejarse un poco caldosos, a una sartén, donde se siguen cociendo a fuego medio mientras se van machando con ayuda de un tenedor. Se rectifica de sal si es necesario y se deja evaporar el líquido hasta obtener un puré espeso.

Para preparar los nachos, se elaboran ocho tortillas de maíz (ver *Enchiladas rojas*), se cortan en cuatro triángulos, o más si son grandes, y se fríen en aceite muy caliente hasta que estén dorados y crujientes. Se reservan sobre papel absorbente para que escurran el exceso de aceite. Se presentan los frijoles refritos cubiertos con el queso fresco desmenuzado, un poco de cilantro finamente picado encima y acompañados con los nachos.

Curiosamente, aunque la palabra nachos se relaciona inmediatamente con México y con estos deliciosos triángulos crujientes de harina de maíz, en su país de origen se denominan "totopos".

Sincronizadas
Tortillas mixtas

Ingredientes para 4 personas
8 tortillas
4 lonchas de jamón de York
4 lonchas de queso manchego
Crema agria

El vino

Acompañar de un vino tinto sin
crianza en barrica con
D.O. La Mancha, de la variedad
cencibel, o de un vino tinto con poca
crianza en barrica con D.O.C. Tesalia
(Grecia), de la variedad xynomavro.

Se coloca media loncha de queso y media de jamón sobre cada una de las tortillas, que se calientan en una sartén antiadherente o plancha. Cuando están calientes, se doblan por la mitad en forma de media luna y, después, se tuestan a fuego medio dándoles la vuelta, hasta que el queso se funda. Se retiran y se sirven calientes, normalmente acompañadas con crema agria.

Las sincronizadas también pueden prepararse tipo "bocadillo", es decir, utilizando una tortilla entera como base, colocando el relleno encima, cubriéndolo con una segunda tortilla y cortándolas por la mitad. Pueden elaborarse también con tortillas de harina de trigo.

Dificultad: baja
Preparación: 25 minutos
Cocción: 15 minutos

Quesadillas

Ingredientes para 4 personas

8 tortillas
200 g de queso manchego
rallado
200 g de setas huitlacoche
2 dientes de ajo
1 cebolla
1 chile serrano (opcional)
Epazote
Aceite
Sal

El vino

Sírvase con un vino tinto con poca crianza en barrica de la Tierra de Castilla, de la variedad syrah, o con un vino tinto sin crianza en barrica de la zona de Zacatecas (México), de la variedad zinfandel.

Para las quesadillas de queso manchego, se calienta una tortilla en una sartén antiadherente o una plancha y se coloca el queso rallado en una mitad del círculo. Se dobla la tortilla por la mitad para formar una media luna y se deja tostar aproximadamente un minuto por cada lado. Para las quesadillas de setas, se lleva una sartén al fuego con un poco de aceite y se sofríen en ella la cebolla y los dos dientes de ajo picados. Cuando están dorados, se incorporan los huitlacoches, el chile serrano picado (opcional) y el epazote y se rehoga todo hasta que las setas estén blandas. Se sigue entonces el mismo procedimiento en la plancha o la sartén para rellenar y doblar las tortillas por la mitad.

Las quesadillas son uno de los antojitos más frecuentes en México, y reciben este nombre aunque no estén rellenas de queso. Pueden elaborarse también con tortillas de trigo y otras opciones de relleno muy típicas son: sesos, picadillo, flor de calabaza, patata, pollo, etc. Un truco para evitar que el queso o cualquier otro relleno se salga de la tortilla al calentarla es cerrar los bordes con un mondadientes.

Enfrijoladas
Tortillas rellenas de queso untadas con alubias pintas refritas

Dificultad: media
Preparación: 30 minutos
Cocción: 1 hora 30 minutos

Ingredientes para 4 personas
8 tortillas de maíz
150 g de queso manchego
200 g de frijoles refritos
1/4 de cebolla
Aceite
Sal

Para la salsa pico de gallo:
2 tomates maduros
1/2 cebolla
2 chiles serranos
1 cucharada de cilantro picado
1 cucharada de aceite
2 cucharadas de agua
Sal

El vino
Acompañar de un vino tinto seco con poca crianza en barrica con D.O. Ribera del Duero, de la variedad tinta del país, o de un vino tinto con crianza en barrica con A.O.C. Côtes-du-Rousillon (Francia), elaborado con las variedades garnacha y syrah.

Una vez cocidos los frijoles, se sofríen ligeramente con la cebolla, que se debe acitronar previamente hasta que quede muy blanda. El refrito debe quedar como un puré, de modo que puede agregarse un poco del propio caldo de cocción de los frijoles en caso necesario. A continuación, en una sartén antiadherente o una plancha, se calientan ligeramente las tortillas para que se ablanden, pero sin llegar a dorarse, se rellenan con el queso y se doblan por la mitad en forma de media luna. Se untan entonces con el frijol refrito por ambos lados, se espolvorea un poco de queso manchego rallado encima y se hornean unos minutos hasta que se funda el queso. Se sirven muy calientes, acompañadas por ejemplo con salsa pico de gallo.

Para preparar el pico de gallo, se pelan los tomates y se cortan en dados pequeños. Se pican finamente la cebolla, los chiles y el cilantro, se mezclan todos los ingredientes y se adereza con sal al gusto.

La salsa pico de gallo está muy presente en la mesa mexicana. Conviene prepararla poco antes de servirse para que no pierda consistencia ni el verde característico del cilantro recién cortado. También se puede preparar en versión guisada y, si no se encuentran chiles serranos, pueden emplearse los jalapeños.

Dificultad: baja
Preparación: 35 minutos
Cocción: 30 minutos

Tostadas de pollo

Ingredientes para 4 personas

8 tortillas pequeñas (de tostada)
300 g de frijoles refritos
1 pechuga de pollo
1 cebolleta
2 tomates
Lechuga iceberg
Queso fresco
Salsa de tomate
Cilantro
Perejil
Aceite
Sal

El vino

Acompañar de un vino tinto con crianza en barrica con D.O. Cigales, de la variedad tempranillo, o de un vino tinto con poca crianza con D.O. Dao (Portugal), de la variedad touriga nacional.

Se cuece al vapor la pechuga de pollo y se deja enfriar (también puede aprovecharse el pollo utilizado para elaborar un caldo). A continuación, se desmenuza y se reserva. Se fríen las tortillas en una sartén con abundante aceite caliente, hasta que queden doradas y crujientes, se colocan sobre papel absorbente para que se escurra el aceite y se dejan enfriar.

Mientras, se pica la cebolleta muy fina y, después de lavarlos, se cortan los tomates en pequeños dados y la lechuga en juliana. Se extiende una cucharada de frijoles refritos (ver *Frijoles refritos con nachos*) sobre cada tortilla; sobre esta base, se incorporan en distintas capas los demás ingredientes formando un montículo: el pollo deshebrado, la cebolleta, el tomate y la lechuga picados con sal al gusto. Finalmente, se añade el queso fresco desmenuzado y la crema agria y se corona la tostada con una cucharadita de salsa de tomate y una pizca de cilantro y perejil picados.

Esta popular receta admite un sinfín de variedades. Basta con dejar volar la imaginación y elegir una combinación de ingredientes: camarones, ceviche, chorizo, etc.

Tamales

Ingredientes para 4 personas

20 hojas de mazorca de maíz
300 g de carne de cerdo
200 g de tomatillos
1 cebolla
Cilantro
Aceite
Sal

Para la pasta:

225 g de harina de maíz
1 cucharadita de levadura
220 ml de caldo de pollo
75 g de manteca de cerdo
Sal
Comino

El vino

Sírvase con un vino blanco fermentado en barrica de D.O. Somontano, de las variedades riesling, chenin blanc y otras, o con un vino tinto con crianza en barrica de A.O.C Valais (Suiza), de la variedad pinot noir.

Se dejan las hojas de maíz en remojo con agua caliente un mínimo de tres o cuatro horas. Se prepara la pasta para tamales batiendo primero la manteca de cerdo y agregando después la harina de maíz, la sal y una pizca de comino. Se trabaja la masa con una espátula y se va añadiendo caldo hasta que quede homogénea y forme burbujas. Se prueba la consistencia echando una bolita de masa en un vaso lleno de agua: si sube a la superficie y no se deshace, está lista. Se incorpora entonces la levadura y se remueve.

Para preparar el relleno, se sofríe la cebolla picada en una sartén y, cuando está dorada, se agrega la carne de cerdo picada y se condimenta. Se añade a continuación la pulpa de tomate verde y se deja cocer el conjunto unos quince minutos. Se tritura todo y se reserva. Se extiende una cucharada de masa sobre las hojas de maíz y se coloca encima otra de relleno. Se cierran los tamales formando paquetitos y se disponen verticalmente en una vaporera, donde deben cocerse alrededor de una hora. Se sirven acompañados de cualquier salsa, por ejemplo la clásica mexicana con tomate, cebolla y chile.

La palabra tamal procede de *tamalli,* una palabra náhuatl, y describe el plato basado en masa de maíz combinada con diferentes rellenos que se envuelve en forma de paquete con hojas vegetales para luego ser cocido. En México las tamalerías son verdaderas instituciones. Los tamales envueltos en hojas de maíz son los más populares, pero también es común envolverlos con hojas de plátano, sobre todo en Oaxaca.

Dificultad: baja
Preparación: 30 minutos
Cocción: 15 minutos

Molletes

Ingredientes para 4 personas
4 bolillos (panecillos)
250 g de frijoles refritos
3 tomates maduros
1/2 cebolleta
2 chiles serranos
4 lonchas de queso manchego
Cilantro picado
Aceite
Sal

El vino
Acompañar de un vino tinto con crianza en barrica con D.O. Manchuela, donde predomine la variedad syrah, o de un vino tinto con poca crianza en barrica de la Zona de Baja California en México, de la variedad cabernet sauvignon.

En primer lugar, se pelan los tomates y se cortan en pequeños dados. Se pican finamente la cebolleta y los chiles, previamente desvenados y despepitados. Se mezcla todo y se añade un poco de aceite, sal y el cilantro picado.

Se abren los panecillos por la mitad y se les quita un poco de miga para poder colocar el relleno. Se pintan con un poco de aceite y se hornean durante unos diez minutos a 180 ºC hasta que estén dorados. A continuación, se untan generosamente con la pasta de frijoles refritos (ver *Frijoles refritos con nachos*) y se coloca media loncha de queso sobre cada medio panecillo. Se llevan de nuevo al horno (o microondas) unos pocos minutos, para que se funda el queso y, para terminar, se incorpora sobre cada mollete un montoncito de la mezcla preparada al principio.

La combinación de los frijoles refritos con el queso recién fundido resulta exquisita, por lo que deben servirse inmediatamente. Si no se tienen panecillos a mano, pueden prepararse los molletes con rebanadas anchas de pan partidas por la mitad.

Dificultad: baja
Preparación: 25 minutos
Cocción: 15 minutos

Flautas de pollo
Tacos fritos de pollo

Ingredientes para 4 personas
8 tortillas de maíz
300 g de carne de pollo
250 g de queso fresco
1 cebolla
4 dientes de ajo
Perejil
Salsa de tomate
Sal
Lechuga iceberg
Crema agria
Aceite

El vino
Acompañar de un vino tinto con breve paso por barrica con D.O. Bierzo, de la variedad mencía, o de un vino tinto con pocos meses de crianza con A.O.C. Vouvray (Francia), elaborado con cabernet franc.

En una cacerola con agua abundante, se cuece la carne de pollo con media cebolla, sal y perejil. Se retira, se deja enfriar y se desmenuza. Aparte, se pica finamente la media cebolla restante, que se sofríe con un poco de aceite junto con los dientes de ajo picados y se rehoga después con salsa de tomate. Se rellenan las tortillas con la carne deshebrada, se enrollan y se fríen en la sartén (o en una freidora) con abundante aceite muy caliente, a 180 °C, hasta que queden los tacos dorados y crujientes. Se sirven sobre una base de lechuga iceberg cortada en juliana y se cubren con queso fresco regado con la salsa de tomate y crema agria.

En México se consumen infinidad de tipos de tacos, que se agrupan según el tipo de elaboración. Las "flautas" o tacos fritos se cuentan entre los más populares, al igual que los tacos al pastor, los tacos de carnitas, los tacos de fritangas, los de canasta, los de barbacoa…

Dificultad: baja
Preparación: 25 minutos
Cocción: 15 minutos

Burrito

Ingredientes para 4 personas

4 tortillas grandes de harina de trigo
500 g de carne de vacuno
1 cebolla
2 dientes de ajo
1 chile serrano
1 chile pasilla
Zumo de medio limón
Comino
Orégano
Cilantro
Aceite
Sal
Pimienta

Para las tortillas de trigo (8 unidades):

200 g de harina de trigo
200 ml de agua tibia
20 g de mantequilla
Sal

El vino

Acompañar de un vino tinto seco con crianza en barrica de la D.O. Utiel Requena de las variedades bobal y otras foraneas, o un vino tinto seco con crianza en barrica de la zona de Mendoza en Argentina de la variedad malbec.

Para preparar las tortillas de trigo, se echa la harina en un cuenco grande, se incorpora la mantequilla a temperatura ambiente y se trabaja con las manos hasta obtener una especie de migas. Se va agregando agua tibia a esta mezcla hasta obtener una masa homogénea y flexible, que luego puede seguirse trabajando sobre una superficie plana hasta finalmente formar una bola, que se tapará con un paño húmedo de cocina y se dejará reposar un mínimo de diez minutos. A continuación, se divide la masa en ocho porciones, se forman doce bolas y, con ayuda de un rodillo, se aplanan hasta obtener círculos de unos dos o tres milímetros de grosor.

Se corta la carne en tiras y se deja en maceración durante un mínimo de tres horas, y preferiblemente toda una noche, con los ajos y la cebolla picados, el zumo de limón, los chiles cortados finamente, el comino y el orégano. Una vez macerada, se saltea en la sartén a fuego vivo y, cuando están cocidos todos los ingredientes, se aparta del fuego. Se coloca el relleno longitudinalmente en el centro de la tortilla, se salpimienta, se espolvorea un poco de cilantro fresco picado encima y se cierra uniendo los dos bordes en el centro. Se puede acompañar con cualquiera de las típicas salsas mexicanas, aunque preferiblemente la de chipotle.

Aunque sí se consume en el norte del país y suele asociarse a México, el burrito es en realidad una invención estadounidense.

Cocinas del mundo

Sopas
y cremas

Dificultad: media
Preparación: 45 minutos
Cocción: 25 minutos

Sopa azteca
Sopa de tortillas

Ingredientes para 4 personas

4 tortillas
1 l de caldo de ave
1 chile pasilla
2 tomates
2 dientes de ajo
1 cebolla pequeña
1 aguacate
Aceite vegetal
Epazote
Sal

El vino

Servir con un vino blanco sin crianza en barrica de D.O. Somontano, de la variedad chardonnay, o con un vino blanco fermentado en barrica de la zona del valle de Casablanca (Chile), de la variedad sauvignon blanc.

Primeramente se cortan las tortillas en tiras y se fríen en una sartén con abundante aceite vegetal (preferentemente de maíz) hasta que estén doradas y crujientes. Se sacan y se reservan sobre papel absorbente. En el mismo aceite se fríe el chile pasilla unos segundos y se reserva. Se tritura la pulpa de los tomates, se pican los ajos y la cebolla y se sofríen en la sartén con un poco de aceite durante unos quince minutos. A continuación, se pasa el sofrito a un cazo, donde estará calentándose el caldo de ave, y se deja hervir todo a fuego lento durante cinco minutos. Se pica entonces el chile, o se corta en tiras finas, y se incorpora al caldo. Se pela el aguacate y se corta en láminas finas que también se incorporan al caldo. Por último, se echan las tiras de tortilla fritas, se espolvorea una pizca de epazote y se sirve la sopa caliente.

Se recomienda añadir las tiras de tortilla al final para que se mantengan crujientes y no mermen el caldo. Otra opción muy corriente es servir las láminas de aguacate, el chile picado o cortado en tiras y las tiras de tortilla aparte para que los comensales los vayan incorporando a la sopa a su gusto.

Crema de frijoles
Crema de alubias pintas

Ingredientes para 4 personas
500 g de frijoles
1 cebolla
1 diente de ajo
150 ml de crema de leche
espesa
1 cucharadita de chile en polvo
(opcional)
Epazote
Laurel
Sal
Pimienta

El vino
Sírvase con un vino tinto joven sin
crianza de D.O. Calatayud, de la
variedad garnacha, o con un vino
tinto con crianza en barrica de la
zona de Stellenbosch (Sudáfrica), de
la variedad pinotage.

Los frijoles habrán estado en remojo la noche anterior. Se lleva una cacerola al fuego con agua y sal. Cuando el agua llega al punto de ebullición, se echan los frijoles remojados, la cebolla, el ajo, el epazote y el laurel y se deja hervir todo a fuego vivo hasta que los frijoles estén blandos. Opcionalmente, se puede agregar al caldo de cocción una cucharadita de chile en polvo. Una vez cocidos los frijoles, se bate la mezcla, se pasa por el colador chino para que quede tersa y después se va incorporando la crema de leche espesa hasta conseguir una consistencia cremosa.

Esta deliciosa crema de frijoles puede acompañarse con unos picatostes o bien con queso rallado.

Dificultad: baja
Preparación: 1 hora
Cocción: 45 minutos

Sopa de flor de calabaza

Ingredientes para 4 personas

25 flores de calabaza
1 l de fondo de ave
125 g de tomate triturado
1 cebolleta
1 diente de ajo
1 chile poblano
1 hoja de laurel
Epazote
Aceite
Sal
Pimienta

El vino

Acompañar de un vino blanco sin crianza en barrica con D.O.Ca. Priorat, de la variedad pedro ximénez, o de un vino blanco con poca crianza en barrica de la zona de Russian River en California (EE.UU.), de la variedad pinot blanc.

En primer lugar, se lavan cuidadosamente las flores de calabaza, eliminando los tallos y los estambres, y se reservan. Se pican finamente la cebolleta y el ajo y, en una cacerola con un par de cucharadas de aceite, se rehogan ligeramente sin que lleguen a dorarse. A continuación, se añade el tomate triturado y se deja todo a fuego lento unos diez minutos. Se añaden entonces las flores de calabaza y se sofríe el conjunto a fuego medio. Se agrega el fondo de ave, se salpimienta al gusto y se deja hervir la sopa a fuego lento, tapando la cacerola, hasta que las flores de calabaza estén blandas. Entre tanto, se cortan los chiles poblanos en pequeños dados, que se echan al caldo justo antes de servirlo.

Introduciendo flores en la cocina, se adornan las mesas y se satisfacen los paladares. La flor de calabaza, de uso corriente en la cocina mexicana, puede conseguirse en algunos grandes mercados o en tiendas especializadas.

Crema de huitlacoche
Crema de setas

Ingredientes para 4 personas

400 g de setas huitlacoche
1 l de fondo de ave
1/2 cebolla
3 chiles serranos
3 dientes de ajo
100 ml de crema de leche
50 g de queso fresco
Aceite
Epazote
Sal

El vino

Acompañar de un vino tinto joven sin crianza en barrica con D.O. Yecla, de la variedad monastrell, o de un vino tinto sin crianza con D.O.C. Salice Salentino (Italia), elaborado con negroamaro y malvasia nera.

Se sofríen los ajos y la cebolla finamente picados en una cacerola con aceite y, cuando están dorados, se incorporan las setas y se saltea todo junto durante unos cinco minutos. Se agregan entonces el caldo de ave, los chiles picados y el epazote y se deja hervir a fuego lento durante diez minutos. Se retira la cacerola del fuego, se tritura todo con la batidora incorporando poco a poco la crema de leche y se sirve caliente con un poco de epazote picado espolvoreado por encima.

El huitlacoche es un hongo negro del maíz, tan apreciado en la cocina del país que recibe el nombre de trufa mexicana.

Sopa de nopales

Ingredientes para 4 personas
6 nopales
1 l de agua (o fondo de ave)
1 tomate
2 dientes de ajo
1 cebolla
Cilantro
Mantequilla
Sal

El vino

Acompañar de un vino blanco
fermentado en barrica con
D.O. Penedès, de la variedad
xarel·lo, o de un vino blanco
con crianza en barrica con
A.O.C. Châteauneuf-du-Pape
(Francia), elaborado con garnacha
blanca, rousanne y otras autorizadas.

Se lavan bien los nopales y se cortan en tiras. Se pican finamente el cilantro, el ajo y la cebolla, y los tomates se escaldan, se pelan y se trituran. En un cazo con agua y sal, se ponen a cocer los nopales. Una vez que estén tiernos, se enjuagan varias veces con agua fresca, se escurren y se saltean en una sartén con la mantequilla previamente derretida. A continuación, se ponen en una cacerola con el agua y, cuando alcanzan el punto de ebullición, se añade el ajo, la cebolla, el tomate triturado y se adereza con la sal. Se deja cocer la sopa treinta minutos y en el último momento se espolvorea con el cilantro picado.

Existe una variante muy popular de esta típica sopa mexicana en la que se vierte un huevo batido justo en el momento de servirla y se adornan los platos con huevo duro.

Dificultad: baja
Preparación: 40 minutos
Cocción: 25 minutos

Sopa de fideos

Ingredientes para 4 personas

250 g de fideos finos
4 tomates maduros
1/2 cebolla
1 diente de ajo
1,5 l de caldo de pollo
Aceite de maíz
Cilantro
Sal

El vino

Acompañar de un vino blanco sin crianza en barrica con D.O.Ca. Rioja, de las variedades malvasía y viura, o de un vino blanco con poca crianza en barrica de la zona de la Baja Austria, de la variedad grüner veltliner.

Primero se tuestan los fideos en una sartén con aceite durante unos dos o tres minutos, hasta que estén dorados, y se apartan del fuego. Se pelan los tomates, se les retiran las semillas y se trituran junto con el ajo y la cebolla hasta obtener una mezcla homogénea y suave que se incorpora a los fideos. Se lleva nuevamente la sartén de los fideos al fuego junto con la salsa de tomate y se saltea todo unos minutos, removiendo constantemente. A continuación, se calienta el caldo de pollo en una cacerola, se vierte la pasta y se deja hervir a fuego medio durante unos quince minutos, hasta que los fideos estén blandos (si es necesario, se puede añadir agua). Antes de servir la sopa, se espolvorea con cilantro picado para aromatizar el plato y darle un toque de color.

Las sopas forman parte del menú diario de los mexicanos. Esta sencilla receta aporta la novedad que representa freír los fideos (o cualquier tipo de pasta de sopa que desee emplearse) y mezclarlos con tomate antes de incorporarlos al caldo.

Dificultad: media
Preparación: 1 hora
Cocción: 45 minutos

Crema de elote
Crema de maíz

Ingredientes para 4 personas

400 g de maíz cocido
1 l de fondo de ave
100 ml de crema de leche
1 chile poblano (rajitas)
1 cebolla pequeña
1 diente de ajo
1 hoja de laurel
Aceite
Sal
Pimienta

El vino

Acompañar de un vino blanco sin crianza en barrica con D.O. Ribeiro, de la variedad treixadura, o de un vino blanco sin crianza con D.O.C.G. Vernaccia di San Gemignano (Italia), de la variedad vernaccia.

Se pica la cebolla muy fina y, en un mortero, se maja el diente de ajo con una pizca de sal. En una cazuela con un poco de aceite, se pochan la cebolla y el ajo hasta que la cebolla se ablande. Se incorporan el fondo de ave, la hoja de laurel y el maíz y se condimenta con sal y pimienta. Cuando la mezcla alcanza el punto de ebullición, se deja reducir a fuego lento aproximadamente durante una media hora. Se retira la hoja de laurel y se tritura todo con la batidora, se pasa por el colador chino, se incorpora la nata líquida y se bate bien hasta obtener una crema suave. Para la presentación del plato, se corta el chile en tiras y se colocan de forma decorativa sobre la crema. Para finalizar, pueden esparcirse unos cuantos granos de maíz.

Aunque se desconoce el origen exacto de la planta, existen pruebas arqueológicas de que, en México, el maíz se cultiva desde hace más de 4.500 años.

Cocinas del mundo

Entrantes

Dificultad: baja
Preparación: 20 minutos
Cocción de los nachos:
10 minutos

Guacamole

Ingredientes para 4 personas

4 aguacates maduros
4 tomates
1 cebolla
2 chiles verdes o serranos
2 cucharadas de cilantro
2 cucharadas de aceite de oliva
Zumo de medio limón
Nachos
Sal

El vino

Sírvase con un vino blanco sin crianza en barrica de la Tierra de Castilla y León, de la variedad gewürztraminer, o con un vino blanco sin crianza en barrica de A.O.C. Savennières (Francia), de la variedad chenin blanc.

Se parten los aguacates por la mitad, se deshuesan y, con ayuda de una cucharita, se extrae la pulpa, que se coloca en un cuenco. Se lavan los tomates, se pelan, se despepitan y se pican bien finos. En un mortero, se majan la cebolla y los chiles serranos y se incorporan al recipiente del aguacate, donde se trabajan con un tenedor (o la batidora) hasta lograr la consistencia de una pasta. Se incorporan entonces el tomate y el cilantro picados y se aderiza la mezcla con aceite de oliva y un poco de zumo de limón, trabajándola nuevamente para mezclarlo todo bien y conseguir un puré.

Se preparan los nachos (ver *Frijoles refritos con nachos*) y se sirven con el guacamole, que puede decorarse con unos trocitos de tomate, cebolla y una pizca de cilantro.

Si se tiene que preparar el guacamole con algo de antelación, para evitar que ennegrezca se recomienda conservar el puré en el frigorífico con uno o dos huesos de aguacate y cubrirlo con papel de aluminio. El guacamole también puede acompañarse, por ejemplo, con verduras y hortalizas crudas.

Dificultad: alta
Preparación: 1 hora 40 minutos
Cocción: 50 minutos

Chiles en nogada

Ingredientes para 4 personas
8 chiles poblanos
1 granada
2 huevos
Harina
Perejil

Para el relleno de picadillo:
150 g de carne de ternera picada
150 g de carne de cerdo picada
2 dientes de ajo
1 cebolla
Aceite de maíz
1/2 pera
1/2 manzana
1/2 melocotón
1/2 taza de azúcar
Pasas
Piñones
Nueces pacana
Nuez moscada
Sal
Pimienta

Para la salsa nogada:
75 g de almendras peladas
150 g de nueces de Castilla frescas peladas
200 g de queso de cabra poblano (o 100 g de queso fresco, 50 g de queso de cabra y 50 ml de crema de leche espesa)
120 ml de leche
Sal

El vino
Acompañar de un vino tinto con poca crianza en barrica con D.O. Calatayud, de la variedad garnacha, o de un vino tinto semicrianza con D.O.C. Reguengos (Portugal), de la variedad periquita.

Para preparar el relleno, se doran en una sartén los ajos y la cebolla picados y se agregan las carnes. Se añaden a continuación las frutas peladas y cortadas en dados muy pequeños y se remueve el conjunto a fuego medio durante un par de minutos antes de añadir los frutos secos picados y salpimentar. Se espolvorea un poco de nuez moscada y se incorpora el azúcar. Cuando están todo bien amalgamado, se retira el picadillo del fuego y se deja enfriar. Los chiles poblanos se dejan en remojo en agua templada durante una media hora y luego se abren realizando un corte lateral, se despepitan y se retiran las venillas interiores. Se rellenan con el picadillo frío, se capean (rebozan) y se fríen.

Para la salsa nogada se hierven las nueces en una cacerola cubiertas de agua durante una media hora, se escurren, se dejan enfriar unos minutos y se pelan. Se baten con el resto de los ingredientes hasta obtener una salsa bastante espesa que se reserva en el frigorífico. Una vez fritos los chiles rellenos y preparada la salsa, se monta el plato napando los chiles y se decora con el perejil y los granos de la granada.

El origen de los populares chiles en nogada se remonta a los tiempos de la independencia de México, cuando el futuro emperador Agustín de Iturbide entró triunfante con el ejército en la ciudad de Puebla de los Ángeles y se celebró un banquete en su honor, para el cual las monjas del convento de Santa Mónica elaboraron este plato en el que se combinan los colores verde (pimientos y perejil), blanco (salsa de nueces) y rojo (granada) de la bandera mexicana.

Ensalada de frijoles
Ensalada de alubias pintas

Dificultad: baja
Preparación: 15 minutos

Ingredientes para 4 personas

250 g de alubias pintas
50 g de maíz cocido
1/2 cebolla
1 tomate
Pimiento rojo
Pimiento amarillo
Chile serrano (opcional)
Sal
Pimienta
Aceite
Perejil

El vino

Acompañar de un vino tinto roble con D.O. Ribera del Duero, de la variedad tinta del país, o de un vino tinto con poca crianza en barrica de la zona de Baja California (México), de la variedad cabernet sauvignon.

Una vez hervidas las alubias, se escurren y se vierten en una ensaladera. Se pican finamente el tomate sin pepitas y los pimientos rojo y amarillo en la cantidad deseada y se incorporan a la ensaladera. La cebolla se corta en láminas. Se lava el maíz, se escurre y se agrega al resto de ingredientes. Si se desea un punto de picante, se corta el chile serrano en dados muy pequeños y se añade a la ensalada. Se salpimienta todo bien, se riega con aceite y se remueve.

Esta refrescante ensalada puede aderezarse también con un aliño de aceite mezclado con vinagre o bien con zumo de limón.

Pozole rojo
Guiso de maíz con tomate

Ingredientes para 4 personas

200 g de maíz cacahuazintle
250 g de cabeza de cerdo
250 g de carne magra de cerdo
3 tomates
1 cebolla
2 cabezas de ajo
1 manojo de rabanitos
2 hojas de laurel
Lechuga iceberg
Chile molido (opcional)
Aceite
Sal
Pimienta

El vino

Sírvase con un vino tinto con crianza
en barrica de D.O. Toro, de la
variedad tinta de Toro, o con un vino
tinto con crianza de A.O.C. Madiran
(Francia), elaborado con tannat.

Se lava muy bien el maíz y se pone a cocer en una olla con abundante agua y sal. Cuando ya se pueda pelar, se retira de la olla, se lava de nuevo, se descabeza y se pone a cocer junto con las cabezas de ajo a fuego medio. Una vez el agua alcanza el punto de ebullición, se va espumando, se baja el fuego y se añaden las hojas de laurel. Mientras, en otra olla, se cubren las carnes con agua para proceder a su cocción. Una vez cocidas, se trocean y se reservan. Se lava la lechuga y se corta en juliana, se lavan los rabanitos y se cortan en rodajas finas y la cebolla y el tomate se pican. Cuando el maíz está esponjoso, se le añaden las carnes troceadas, la cebolla y el tomate y se sazona al gusto (puede añadirse un poco de chile molido). Se deja cocer el guiso a fuego lento hasta que el maíz esté muy blando y, si se reseca, se le va añadiendo un poco de agua caliente. Justo antes de servir, se incorporan la lechuga y los rabanitos.

La palabra pozole proviene del náhuatl pozolli, que significa "espuma", ya que, al hervirse, los granos de maíz de la variedad cacahuazintle se abren como una flor y forman una espuma. Existen tres variedades de pozole: el blanco o de Guerrero, típico de Sonora, el verde de Colima y el rojo de Jalisco.

Arroz a la mexicana
Arroz con guisantes, judías y zanahoria

Dificultad: media
Preparación: 45 minutos
Cocción: 30 minutos

Ingredientes para 4 personas
250 g de arroz
2 tomates maduros
750 ml de fondo de ave
1 cebolla mediana
80 g de judías verdes
80 g de guisantes (chícharos)
80 g de zanahorias
1/4 de chile serrano
1 diente de ajo
Cilantro
Aceite
Sal
Pimienta

El vino
Acompañar de un vino blanco sin crianza en barrica con D.O. Rueda, de la variedad verdejo, o de un vino tinto con pocos meses de crianza de la zona de Aguascalientes en México, elaborado con petit syrah.

Se pone el arroz en un recipiente, se cubre con agua hirviendo y se deja reposar durante unos diez minutos. Mientras, se lavan y pelan los tomates y se trituran. Se raspan las zanahorias y se pican muy finamente, al igual que la cebolla y el ajo. En una cacerola con un poco de aceite caliente, se echa el arroz, previamente escurrido, y se saltea a fuego medio durante unos cinco minutos, hasta que tome color. En este punto, se agregan la cebolla, el chile, el diente de ajo picado y las zanahorias, se mezcla todo bien y se añade el fondo de ave. Se remueve y se lleva a ebullición. Cuando empieza a hervir, se tapa la cacerola y se deja cocer a fuego lento durante veinte minutos. Se agregan los guisantes previamente hervidos y se salpimienta al gusto. Se continúa la cocción con la cacerola tapada hasta que se haya reducido el caldo y el arroz esté muy blando. Se retira del fuego y se deja reposar antes de servirlo.

Si gusta el picante, se puede aumentar la cantidad de chile al gusto.

Dificultad: baja
Preparación: 40 minutos
Cocción: 20 minutos

Ensalada de nopalitos

Ingredientes para 4 personas

6 nopalitos tiernos
150 g de queso fresco
3 tomates
2 chiles serranos picados
1/2 cebolla pequeña
4 ramas de cilantro
Orégano
Vinagre
Aceite de oliva
Cilantro
Sal
Pimienta

El vino

Acompañar de un vino rosado joven con D.O. Penedès, de la variedad merlot, o de un vino tinto seco con poca crianza en barrica de la zona del valle Dry Creek (EE.UU.), de la variedad zinfandel.

Primero se lavan bien los nopales y se cortan en tiras. Se hierven en agua con sal hasta que estén blandos y a continuación se escurren y se enjuagan en agua fría abundante. Si son enlatados, se lavan y se cortan en tiras finas. Se lava el cilantro, se pica, se mezcla con las tiras de nopalitos y se condimenta todo con sal, pimienta, aceite, vinagre y orégano. Se corta el queso fresco en dados y se incorpora a la ensalada. Por último, se lavan los tomates y se cortan en rodajas, se cortan también en rodajas las cebollas y se disponen en el fondo del plato cubiertas con las tiras de nopal aliñadas. Se decora con cilantro picado.

En México existen más de sesenta variedades de nopal, pero es la delegación de Milpa Alta, en el Distrito Federal, donde se cultiva casi el 80% de la producción nacional.

Huevos rancheros
Huevos fritos sobre tortilla de maíz

Dificultad: baja
Preparación: 30 minutos
Cocción: 20 minutos

Ingredientes para 4 personas
8 huevos
4 tortillas grandes
200 g de frijoles refritos
250 g de tomates
3 chiles serranos verdes
1/4 de cebolla picada
1 diente de ajo
Cilantro picado (o perejil)
Aceite
Sal

El vino

Sírvase con un vino tinto con crianza en barrica de la Tierra de Castilla y León, de la variedad tinta del país, o con un vino tinto con poca crianza en barrica de D.O.C. Douro (Portugal), de la variedad touriga nacional.

Se pasan las tortillas brevemente por aceite muy caliente y se reservan sobre papel absorbente para escurrir el exceso de aceite. Se prepara una salsa de tomate básica con los tomates, la cebolla, el ajo y los chiles, se tritura y se pasa por el colador chino. En el mismo aceite en que se han freído las tortillas, se fríen los huevos, rociándolos con el aceite circundante con ayuda de una espumadera. Se disponen los huevos sobre las tortillas, que se bañan con la salsa de tomate y se acompañan con frijoles refritos (ver *Frijoles refritos con nachos*).

Los huevos fritos quedan mejor y se rompen menos si se sacan del frigorífico un poco antes de freírlos. Para evitar que salpiquen, se puede poner una pizca de harina en el aceite.

Dificultad: baja
Preparación: 25 minutos
Cocción: 20 minutos

Chiles poblanos rellenos de queso

Ingredientes para 4 personas

4 chiles poblanos
250 g de queso manchego
2 huevos
Harina
Sal
Pimienta

Para la salsa de tomate:

4 tomates maduros
1 cebolla
2 dientes de ajo
Tomillo
Orégano
Sal
Pimienta

El vino

Acompañar de un vino blanco
fermentado en barrica con
D.O. Conca de Barberà, de la
variedad chardonnay, o de un vino
blanco fermentado en barrica de la
Zona de Victoria (Australia),
elaborado con sauvignon blanc.

Los chiles poblanos se dejan en remojo en agua templada durante un mínimo de media hora para desflemarlos. Luego se abren mediante un corte lateral, se despepitan y se retiran las venillas interiores. Se rellenan con queso manchego y se reservan. Se baten las claras y las yemas de los huevos por separado: se montan primero las claras y luego se mezcla todo. Se capean los pimientos rellenos, es decir, se enharinan, se pasan por el huevo y se fríen en aceite abundante hasta que queden uniformemente dorados. Se retiran de la sartén y se reservan sobre papel absorbente. Seguidamente, se trituran los tomates sin piel y sin semillas junto con la cebolla, los ajos, el tomillo, el orégano y una pizca de sal y pimienta y se sofríe la salsa en una sartén con un poco de aceite durante unos diez minutos, agregando un poco de agua si es necesario. Finalmente, se incorporan los pimientos rellenos y se dejan en la salsa a fuego lento unos cinco o diez minutos.

Los chiles poblanos son los mejores para preparar asados y rellenos. En general son suaves, pero, como ocurre con los de Padrón, algunos pueden resultar muy picantes. Cuando se secan, reciben el nombre de chiles anchos.

Cocinas del mundo

Carnes

Dificultad: media
Preparación: 50 minutos
Cocción: 30 minutos

Albóndigas con salsa picante

Ingredientes para 4 personas
300 g de carne picada de cerdo
300 g de carne picada de ternera
1 huevo
2 cebollas
1 tomate
2 dientes de ajo
Pimienta
Comino
Sal

Para la salsa picante:
4 tomates pelados
1 cebolla
2 dientes de ajo
Sal
Chile chipotle

La bebida
Dado el grado de picante de este plato, lo más aconsejable es acompañarlo con una buena cerveza mexicana.

Se pican muy finamente el tomate, la cebolla y el ajo y se mezclan en un recipiente con las carnes de cerdo y ternera. Se añade pimienta, sal y comino y se trabaja la carne con las manos o con una espátula hasta que estén todos los ingredientes perfectamente mezclados. Se echa un huevo y se sigue trabajando la mezcla. A continuación, se forman las bolitas, se fríen hasta que estén ligeramente doradas y se reservan.

Se prepara entonces la salsa picante, salteando primero la cebolla y el ajo picados en una sartén para luego añadir el tomate triturado, pelado pero con las semillas. Se echa la cantidad de chile chipotle que se desee según se quiera la salsa más o menos picante, se remueve todo y se incorporan a continuación las albóndigas para terminar la cocción junto con la salsa durante quince minutos.

El chile chipotle, ahumado, está considerado como uno de los chiles más fuertes y picantes, pero aporta a esta salsa un sabor inconfundible.

Pollo con achiote

Ingredientes para 4 personas

1 pollo troceado en ocho piezas
200 g de arroz
1 diente de ajo
1 cebolla mediana
1/2 vaso de agua
Aceite
Sal

Para la salsa de achiote:

4 cucharadas de achiote en pasta
3 dientes de ajo
2 tomates maduros
1 cebolla
1 vaso de zumo de naranja
Pimienta
Orégano
Sal

El vino

Acompáñese de un vino tinto con crianza de la zona de Baja California (México), de la variedad zinfandel, o de un vino tinto con crianza con D.O.C. Primitivo di Manduria (Italia), elaborado con primitivo.

Para elaborar la salsa de achiote, se mezclan en un bol el achiote, el ajo, la cebolla, la pimienta y el orégano y, a continuación, se pasa todo por la batidora. Se añade el zumo de naranja y se mezcla todo bien con la batidora.

Se salan las piezas de pollo, se untan bien con parte de la preparación anterior y se dejan en adobo durante unas dos horas. Se limpia el pollo con un paño o papel de cocina para retirar el exceso de adobo y se saltea en una cacerola con aceite a fuego vivo, hasta que adquiera un tono dorado. A continuación se añade el resto de la salsa, la cebolla cortada en láminas y medio vaso de agua y se deja cocer a fuego lento hasta que el pollo esté bien tierno. Si es necesario, se añade un poco más de agua durante la cocción. Se puede servir acompañado con un poco de arroz blanco hervido y salteado en la sartén con un diente de ajo y una pizca de cilantro.

> El achiote puede conseguirse en tiendas especializadas.
> La salsa de achiote, típica de Yucatán, suele emplearse en las recetas de carne o de pescado. A este guiso se le pueden añadir también unas patatas y queda exquisito.

Cuete de res con salsa de ciruelas pasas
Redondo de ternera con salsa de ciruelas

Dificultad: media
Preparación: 1 hora 10 minutos
Cocción: 55 minutos

Ingredientes para 4 personas
1 redondo de ternera de 1,5 kg
3 chiles guajillos
2 tomates
1/2 cebolla
1 diente de ajo
Aceite
Sal
Pimienta

Para la salsa de ciruelas:
250 g de ciruelas pasas deshuesadas
100 g de melocotón en almíbar
1/2 l de vino tinto
1 cucharada de maicena

El vino
Sírvase con un vino tinto con crianza de la Tierra de Illes Balears, de la variedad syrah, o con un vino tinto con crianza de A.O.C. Gevrey Chambertin premier cru (Francia), elaborado con pinot noir.

Se lleva al fuego una cacerola con aceite y se marca el redondo de ternera por todos los lados hasta que se dore. Los chiles se lavan, se dejan en remojo una media hora, se desvenan y se limpian de semillas. Se trituran a continuación los chiles, la pulpa de tomate, la cebolla y el ajo y se vierten sobre la carne, que se deja cocer a fuego suave durante una media hora con su propio jugo. Transcurrido este tiempo, se reserva y se deja enfriar.

Para elaborar la salsa de ciruelas, se trituran con la batidora las ciruelas pasas y el melocotón y se ponen a hervir en una cazuela con medio litro de vino tinto y el jugo de la carne. Se deja reducir la mezcla a fuego lento durante diez minutos y se incorpora la maicena para espesar. Una vez frío el redondo, se corta en lonchas finas, que se agregan a la cazuela donde se ha elaborado la salsa y se dejan a fuego lento otros quince minutos hasta que termine la cocción.

La carne en salsa puede acompañarse con arroz blanco, indispensable en cualquier comida mexicana, salteado con unas cuantas ciruelas picadas.

Pollo pipián
Pollo con salsa de pepitas de calabaza

Dificultad: media
Preparación: 40 minutos
Cocción: 30 minutos

Ingredientes para 4 personas
4 pechugas de pollo
Sal
Pimienta

Para el pipián:
400 g de semillas de calabaza
1/2 chile poblano asado
4 hojas de lechuga larga
2 tomates verdes
4 hojas de cilantro
4 hojas de rábano
Comino
Sal
Pimienta

El vino
Servir con un vino tinto con crianza de D.O. Manchuela, elaborado a base de syrah, o con un vino tinto con crianza de la zona de la zona de Zacatecas (México), de la variedad petite syrah.

Primero se salpimienta el pollo y se cuece al vapor hasta que la carne quede bien blanca. Para elaborar el pipián, se tuestan las pipas de calabaza en una sartén ligeramente, evitando que la piel verde se oscurezca en exceso, y luego se trituran con un poco de agua junto con el chile, las hojas de lechuga, los tomates verdes pelados y sin semillas y las hojas de cilantro y rábano. Cuando está todo bien batido y ha adoptado una consistencia cremosa, se salpimienta y se añade una pizca de comino. Se traslada el pipián a una cazuela, se incorpora el pollo y se deja todo junto a fuego lento durante diez minutos.

Aunque el pipián tradicional se elabora con pipas de calabaza, por extensión se aplica el nombre a otras salsas espesas elaboradas con distintas semillas, por ejemplo de ajonjolí, etc.

Dificultad: media
Preparación: 45 minutos
Cocción: 4 horas

Barbacoa de borrego
Barbacoa de cordero

Ingredientes para 4 personas

800 g de pierna de cordero
1 chile ancho
1 chile pasilla
1/2 cebolla
2 dientes de ajo
1 clavo de olor
1 hoja de laurel
Aceite
Vinagre
Sal
Pimienta

El vino

Servir con un vino tinto con crianza y maduro de D.O. Penedès, de la variedad cabernet sauvignon, o con un vino tinto con crianza de la zona de Sonora (México), elaborado con nebbiolo, cabernet y petite sirah.

Se adoba la carne con un chorrito de vinagre, sal, la cebolla, los ajos y las especias y se deja macerar durante toda la noche anterior. Se coloca en una fuente para el horno con un dedo de agua y bien regada con aceite, se cubre con papel de aluminio y se hornea a 160 °C durante cuatro horas, de modo que se cueza lentamente con su vapor y desprenda todos sus jugos. Se desmenuza la carne y se presenta en el plato acompañada con un poco de salsa de tomate (ver *Enchiladas rojas*) y tortillas calientes para preparar uno de los tacos de barbacoa más populares.

En México, el método tradicional de preparar las carnes a la barbacoa consiste en envolverlas en pencas de maguey y cocerlas en un hoyo que se abre en la tierra a modo de horno, con brasas y piedras calientes en el fondo y luego se tapa para encender un fuego encima.

Pollo con mole poblano

Ingredientes para 4 personas

4 pechugas de pollo
500 ml de mole
Sal
Pimienta

El vino

Acompañar de un vino espumoso
con buena crianza con
D.O.C.G. Franciacorta (Italia),
elaborado con pinot blanc y
chardonnay, o de un vino espumoso
Gran Reserva de la zona de
Querétaro (México), elaborado con
chenin blanc, macabeo y pinot noir.

Se prepara el mole poblano (ver *Enchiladas con mole poblano*) y se reserva. Se salpimientan las pechugas de pollo y se marcan en una sartén con muy poco aceite. Cuando esté la carne hecha y bien tostada, se agrega el mole y se calienta el conjunto durante unos diez minutos.

Los aztecas empleaban la palabra *molli* para hacer referencia a las salsas. En la actualidad, la palabra mole describe tanto una salsa espesa a base de chiles y especias como el propio guiso que se prepara con ella, normalmente de carne de pollo, pavo o cerdo. Especialmente conocidos son el mole de Puebla o poblano y los llamados siete moles de Oaxaca (negro, verde, rojo, coloradito, amarillo, chichilo y manchamanteles).

Carne magra de puerco con salsa de cacahuate
Carne magra de cerdo con salsa de cacahuete

Dificultad: media
Preparación: 1 hora
Cocción: 40 minutos

Ingredientes para 4 personas

500 g de carne magra de cerdo
3 tomates maduros
250 ml de caldo de carne
1 cebolla pequeña
200 g de cacahuetes
1 chile guajillo
Clavo en polvo
Aceite
Sal
Pimienta

El vino

Acompáñese de un vino criado en barrica con D.O. Navarra, de la variedad merlot, o de un vino tinto con crianza en madera de la zona de Querétaro (México), elaborado con pinot noir.

Se corta la carne magra en dados, se sala ligeramente y, en una sartén con aceite, se saltea a fuego vivo. Se retira y se reserva. A continuación, se pelan y se trocean los tomates en un recipiente, donde se añaden la cebolla, los cacahuetes y el chile. Se condimenta la mezcla con una pizca de sal, pimienta y clavo y se tritura. La base obtenida se rehoga en una cacerola con un poco de aceite de diez a quince minutos, para luego incorporar la carne y un poco de caldo. Se deja cocer lentamente, añadiendo más caldo si la salsa espesa demasiado antes de que la carne esté bien tierna. Se prepara arroz blanco como acompañamiento, que se hierve, se escurre y se saltea con un poquito de ajo. Para darle el toque final, se puede decorar con lechuga hoja de roble, un poco de sésamo y unos cacahuetes enteros.

El cacahuate es muy abundante y común en México.
Sin duda responde a ello la acepción figurada de la palabra para hacer referencia a una persona o cosa insignificante o de poco valor, como por ejemplo en la expresión "me importa un cacahuate".

Cocinas del mundo

Pescados

Róbalo a la veracruzana
Lubina con salsa de tomate y aceitunas

Dificultad: media
Preparación: 40 minutos
Cocción: 25 minutos

Ingredientes para 4 personas

4 filetes de róbalo de 200 g
500 g de tomates
4 dientes de ajo picados
1 cebolla
1 pimiento verde cortado en tiras
60 g de aceitunas deshuesadas
100 g de mantequilla
Aceite
Laurel
Orégano
Sal
Pimienta

El vino

Servir con un vino blanco sin paso por barrica de D.O. Rueda, de la variedad sauvignon blanc, o con un vino blanco joven de la zona de Baja California (México), elaborado con sauvignon blanc e incluso con un vino tinto a base de merlot, o de nebbiolo, de la misma región mexicana.

Se pone a calentar el aceite en una cacerola grande y se fríen los ajos y la cebolla finamente picados hasta que se doren. A continuación, se añade la pulpa de los tomates y se deja cocer todo a fuego lento. El pimiento se desvena, se despepita y se agrega a la salsa de tomate al final de la cocción. Se salpimienta la salsa, se añaden el laurel, el orégano y las aceitunas (reservando unas cuantas para la decoración) y se deja a fuego lento otros diez minutos para que se impregne del aroma de los nuevos ingredientes. Después, se puede pasar la salsa por el colador chino para que quede tersa.

Se precalienta el horno a 190 °C y, entre tanto, se limpian y sazonan los filetes de pescado. Una vez limpios, se lleva una sartén al fuego con la mantequilla y se marcan los filetes brevemente, que luego se ponen en una fuente para el horno, se bañan con la salsa y se hornean durante cinco minutos para terminar la cocción tapando la fuente con papel de aluminio.

Para esta receta deben utilizarse siempre pescados de carne firme y blanca, y pueden añadirse alcaparras a la salsa veracruzana.

Ceviche de pescado
Pescado marinado

Ingredientes para 4 personas

600 g de cazón fileteado
2 tomates
1 chile serrano (opcional)
2 cucharaditas de cebolleta picada
1 cucharadita de orégano molido
2 cucharaditas de cilantro
Zumo de 2 limones
Comino
Sal
Aceite

El vino

Servir con un vino blanco fermentado en barrica de D.O. Navarra, de la variedad chardonnay, o con un vino blanco con paso por madera de la zona vinícola de Coahuila (México), de la variedad chardonnay.

Se limpia bien el pescado y se corta en dados pequeños. A continuación, se pone en un bol, se vierte zumo de limón hasta que el pescado quede cubierto y se agrega una pizca de sal y otra de comino. Se deja marinar en el frigorífico unas seis u ocho horas, hasta que el pescado quede blanco, cocido por el limón. Se lava para eliminar un poco la acidez del limón y se escurre.

Se pelan los tomates, se retiran las semillas y se cortan en trocitos muy pequeños. Se pican finamente la cebolleta, el cilantro y opcionalmente el chile serrano y se mezcla todo con cuatro cucharadas de aceite de oliva y orégano. Se remueve bien el conjunto y se rectifica de sal. Se presenta en copas de cóctel, que pueden adornarse con media rodajita de lima, unas hojas de lechuga y tostadas o galletas saladas.

Para el ceviche pueden utilizarse otros pescados, preferiblemente bien frescos, de carnes blancas y poca grasa como el emperador, la lubina o el pez espada. También se elabora con pulpo, ostras, mejillones, etc.

Cazón con tortilla

Ingredientes para 4 personas
600 g de cazón
8 tortillas de maíz
250 g de tomatillos
2 cebollas
1 diente de ajo
1 chile serrano
Mantequilla
Cilantro
Epazote
Sal

El vino

Servir con un vino blanco fermentado en barrica de D.O. Pla i Llevant, de la variedad chardonnay, o con un blanco con paso por madera de la zona de Baja California (México), elaborado con chardonnay.

Se rehoga en una sartén una cebolla y el diente de ajo picados y, cuando estén acitronados, se incorpora la pulpa de los tomatillos, el chile y el cilantro picados y sal y se sofríe todo unos quince minutos. Luego se pasa por el colador chino para obtener una salsa verde cremosa. Una vez elaborada la salsa, se limpia el pescado y se incorpora a la sartén para que se cueza con la salsa durante unos diez o quince minutos. Entre tanto, se calientan las tortillas en una sartén antiadherente o una plancha y se sirve todo caliente.

El pescado puede desmenuzarse antes de incorporarlo a la salsa, con lo cual se reducirá el tiempo de cocción y podrán rellenarse más fácilmente las tortillas.

Ceviche de camarón
Camarones marinados

Dificultad: baja
Preparación: 30 minutos

Ingredientes para 4 personas

600 g de camarones
1 aguacate
2 tomates
1/2 cebolla
1 chile serrano
1 cucharada de cilantro picado
Zumo de 2 limones
Comino
Aceite
Sal

El vino

Servir con un vino blanco fermentado en barrica de D.O. Valdeorras, elaborado con godello, o con un vino blanco de la zona de Baja California (México), de las variedades chenin blanc y colombard.

Se descabezan y se pelan los camarones, se cortan en trocitos y se colocan en un bol. Se añade el zumo de limón, una pizca de sal y comino, se dejan marinar durante unas cuatro horas, o hasta que la carne se vea blanca, se lavan y se escurren. Se pela el tomate y se corta en daditos. Se pican la cebolla, el chile y el cilantro y, en un recipiente, se mezclan todos estos ingredientes con los camarones macerados, se riega el conjunto con el aceite y se remueve. Se pela el aguacate y se cortan unas láminas que se colocan sobre el ceviche ya dispuesto en copas de cóctel o platos. Finalmente, se espolvorea con cilantro picado.

El ceviche de camarón es un manjar exquisito, refrescante y muy atractivo visualmente. En México, donde es muy abundante y su calidad es excepcional, el camarón participa en un gran número de recetas.

Huachinango a la poblana
Pargo con mayonesa y guisantes

Dificultad: media
Preparación: 50 minutos
Cocción: 30 minutos

Ingredientes para 4 personas
1 huachinango de 1,5 kg
250 g de guisantes
50 g de mantequilla
6 cebollitas de Cambray
2 limones
Tomates cherry
Aceite
Sal
Pimienta

Para la mayonesa:
1 huevo
Zumo de limón
Aceite
Sal

El vino

Servir con un vino blanco sin madera pero maduro de D.O. Rías Baixas donde predomine la variedad albariño o con un vino blanco de la zona de Aguascalientes (México), de la variedad french colombard.

Se limpia el pescado de tripas y se cortan los filetes, que se frotan con limón. Seguidamente, se pinta el pescado con aceite, se salpimienta y se dispone en una fuente para el horno untada con mantequilla. Se rocía con un poco más de aceite y se deja cocer en el horno, que se habrá precalentado a 200 ºC, durante unos quince o veinte minutos. Una vez listo el pescado, se dispone en una fuente rodeado de los guisantes (chícharos) previamente hervidos en agua con sal, se riega con una salsa mayonesa fina y se decora con cebollitas de Cambray y tomates *cherry*.

El huachinango (también llamado pargo o chillo) es un pez marino de color rosáceo muy apreciado en todo el país y que se pesca tanto en las costas del Pacífico como en el golfo de México.

Dificultad: media
Preparación: 40 minutos
Cocción: 30 minutos

Charales con nopalitos

Ingredientes para 4 personas

500 g de charales
4 tomates
chiles serranos
2 dientes de ajo
2 patatas medianas
2 nopales cortados en tiras
Harina
Cilantro picado
Chile serrano
Aceite
Sal

El vino

Acompáñese de un Oloroso seco
joven con D.O.C. Jerez-Xérès-Sherry,
de la variedad palomino fino, o con
un vin jaune (vino amarillo) del Jura
con crianza biológica de
A.O.C. Château Chalon (Francia),
de la variedad savagnin.

Se limpian los charales, se enharinan, se fríen en aceite abundante muy caliente hasta que tomen color y se reservan sobre papel absorbente. En una cacerola, se hierven los tomates enteros en agua con sal, la justa para cubrirlos. A continuación, se cortan, se pelan, se les retiran las pepitas y se tritura la pulpa obtenida junto con los chiles serranos y el ajo en el agua de cocción de los tomates. Se pasa entonces la salsa a una sartén, se incorpora el cilantro picado y un poco de sal y se deja a fuego lento durante aproximadamente quince minutos. Entre tanto, se pelan las patatas, se cortan en dados y se hierven en agua con sal. Si los nopales son frescos, se cortan en tiras, se hierven por separado, se limpian con agua fresca y dejan escurrir bien. Al final de la cocción de la salsa, se incorporan los charales, los dados de patata y las tiras de nopal hasta que estén todos los ingredientes calientes.

Los charales son típicos de Jalisco y Michoacán y en los mercados mexicanos suelen venderse secos. Pueden sustituirse por boquerones.

Cocinas del mundo

Postres

Chimichanga

Ingredientes para 4 personas

4 tortillas de trigo
80 g de mantequilla
1/2 mango
1 naranja
8-10 fresones
2 cucharadas de azúcar glas
Canela en polvo

El vino

Servir con un vino blanco dulce con paso por madera de D.O. Navarra, de la variedad moscatel, o con un vino blanco dulce criado en madera de A.O.C. Jurançon (Francia), elaborado con gran manseg y petit manseg.

Se pela el mango y se corta la pulpa en dados pequeños. Se monda la naranja, se separan los gajos y se parten por la mitad. Se lavan bien los fresones, se escurren y se cortan en trocitos más o menos del mismo tamaño que el mango y la naranja. Se dispone todo en un bol y se mezcla con el azúcar y una pizca de canela en polvo. Se rellenan las tortillas con la mezcla de frutas, doblándolas primero en media luna y después nuevamente por la mitad para darles forma de triángulo. Se derrite la mantequilla en una sartén y se fríen las chimichangas a fuego muy vivo, hasta que estén doradas. Se retiran, se espolvorean con el azúcar glas y se sirven muy calientes.

Las chimichangas pueden preparase con cualquier otra combinación de frutas según la temporada (cerezas, frambuesas, plátano...).

Dificultad: baja
Preparación: 35 minutos
Cocción: 25 minutos

Arroz con leche y mango

Ingredientes para 4 personas

1 l de leche
150 g de arroz
150 g de azúcar
1 ramita de canela
Canela en polvo
Piel de 1 limón
1/2 mango
2 higos
1 higo chumbo
Frambuesas

El vino

Servir con un Cava dulce Gran Reserva, elaborado con xarel·lo, macabeo y parellada, o con un vino dulce de cosecha tardía de la zona de Baja California (México), elaborado con chenin blanc.

Se vierte la leche en un cazo con la rama de canela y la piel de limón y se lleva al fuego. Cuando llega al punto de ebullición, se retira la canela y la piel de limón, se incorpora el arroz y se deja cocer a fuego lento durante veinte minutos removiendo de vez en cuando. En este punto, se agregan el azúcar y el mango previamente pelado y cortado en dados y se deja cocer todo durante quince o veinte minutos más hasta obtener una consistencia cremosa. Se pasa a cuencos individuales o a una fuente y se decora con hojas de menta, unas frambuesas y pulpa de higo mezclada con granos de higo chumbo.

Al elaborar el arroz con leche, es importante seguir el orden de la receta e incorporar el azúcar cuando el arroz ya esté medio cocido para obtener un mejor resultado.

Dificultad: baja
Preparación: 35 minutos
Cocción: 10 minutos

Plátanos fritos con crema

Ingredientes para 4 personas
4 plátanos
5 cucharadas de azúcar moreno
Mantequilla
Crema agria

El vino

Servir con un vino blanco dulce joven de D.O. Alicante, de la variedad moscatel, o con un vino blanco dulce con carbónico de D.O.C.G. Moscato d'Asti (Italia), de la variedad moscatel.

Se pelan los plátanos, mejor si son plátanos macho, y se cortan en tiras. Se calienta mantequilla en una sartén, se espolvorean los plátanos con abundante azúcar moreno y se fríen por ambos lados dejando que el azúcar los caramelice. Se pasan a los platos y se salsean con crema agria o nata. Se pueden adornar con una hojita de menta u otra planta aromática.

Se recomienda elaborar este postre con plátanos macho, puesto que es menos dulce que el resto de variedades y contrasta más con el dulzor del caramelo.

Dificultad: media
Preparación: 35 minutos
Cocción: 30 minutos

Torta de elote
Pastel de maíz

Ingredientes para 4 personas

600 g de maíz cocido
250 g de harina de trigo
200 g de azúcar moreno
4 huevos
1 cucharadita de levadura
Vainilla en polvo
Mantequilla

El vino

Servir con un vino blanco dulce joven de D.O. Montilla-Moriles, elaborado con pedro ximénez, o con el mítico dulce Commandaria (Chipre), nacido de la variedad blanca xynisteri y la tinta mavro.

Se baten bien los huevos y se ponen en un bol, junto con los granos de maíz. Se pasa todo por la batidora, se cuela y luego se añaden el azúcar, la levadura, un poquito de vainilla en polvo y una pizca de sal. Se engrasa un molde para pasteles con mantequilla y se vierte en él la mezcla bien removida. Se hornea durante aproximadamente media hora a 180 °C. Para comprobar el grado de cocción del pastel, basta con introducir en el centro un mondadientes: si sale limpio y seco, el postre ya está listo. Se deja enfriar y se desmolda.

En México, el pastel de maíz (torta de elote), postre tradicional del estado de Veracruz, es una forma de consumir el maíz como postre con muchos años de antigüedad. También se puede preparar añadiendo uvas pasas.

Dificultad: baja
Preparación: 25 minutos
Cocción: 10 minutos

Buñuelos

Ingredientes para 4 personas

500 g de harina
1/2 l de agua
100 g de azúcar
50 g de levadura prensada
Azúcar glas
Aceite

El vino

Sírvase con un vino blanco dulce joven de D.O. Jerez-Xérès-Sherry, de la variedad pedro ximénez, o un vino dulce LBV todavía joven de D.O. Porto (Portugal), elaborado con las castas tradicionales portuguesas.

Se calienta el agua y se vierte tibia en un recipiente donde se debe desleír la levadura. Se añade la mitad de la harina poco a poco, removiendo y amasando con las manos y se echa a continuación el azúcar, dejando el resto para espolvorear los buñuelos. Se tapa con un paño y se deja reposar en un lugar templado hasta que haya doblado la masa. Se pone el aceite a calentar y, cuando está bien caliente, se van tomando pellizcos de masa o se forman bolitas con ayuda de dos cucharas y se fríen. Cuando están dorados, se reservan sobre papel secante para que escurran todo el aceite y se espolvorean con azúcar glas.

Otra variedad de buñuelos típicamente mexicana se basa en tortillas de harina de trigo fritas, espolvoreadas con azúcar y canela en polvo.

Dificultad: media
Preparación: 15 minutos
Cocción: 30 minutos

Dulce de mango

Ingredientes para 4 personas

3 mangos medianos
250 ml de leche evaporada
Ron (opcional)
50 g de azúcar

El vino

Servir con un vino dulce de esencia de D.O. Navarra, de la variedad chardonnay, o un vino dulce Auslese de la región del Palatinado (Alemania), elaborado con riesling.

Se pela el mango y se corta la pulpa en dados. Seguidamente, se bate con la leche evaporada, azúcar y ron al gusto (u otro licor, opcional) hasta conseguir una mezcla homogénea. Se lleva un cazo al fuego y se calienta la mezcla obtenida durante unos veinticinco o treinta minutos, removiendo constantemente con una cuchara o una espátula y evitando que llegue a hervir. El dulce de mango estará listo cuando, al removerlo con la cuchara o la espátula, se vea el fondo del cazo. Se deja enfriar y se reserva en el frigorífico para servirlo bien fresco. Se puede decorar con unas láminas de mango previamente reservadas, fresas y hojas de menta.

Si se desea, la leche evaporada puede sustituirse por leche condensada con azúcar, en cuyo caso habrá que modificar la proporción de azúcar de la receta o incluso eliminarlo.

Dificultad: baja
Preparación: 20 minutos
Cocción: 15 minutos

Cazuelita de piña

Ingredientes para 4 personas

175 g de mantequilla
125 g de azúcar moreno
1/2 tacita de agua
8 rodajas de piña
Zumo de 1/2 limón
1/2 tacita de ron
Nueces

El vino

Servir con una mistela blanca de D.O. Terra Alta, elaborado con garnacha blanca, o con un vino dulce con botrytis de la zona del Mâcconnais (Francia), de la variedad chardonnay.

Se calienta un cazo donde se derrite la mantequilla a fuego muy lento. Cuando está fundida, se le agrega el azúcar, el zumo de limón y un poco de agua y se va removiendo la mezcla durante unos diez minutos, hasta que el azúcar se haya disuelto y el líquido tome aspecto de caramelo. Entonces, se incorporan la piña y el ron y se deja caramelizar la fruta en el jarabe hasta que quede blanda.

Este sencillo postre queda también estupendo con manzanas laminadas espolvoreadas con un poco de canela.

Mousse *de chocolate*

Ingredientes para 4 personas

400 g de chocolate de cobertura
1/2 tacita de agua
1 nuez de mantequilla
4 yemas de huevo
4 claras de huevo
Hojas de menta
Nata montada

El vino

Servir con un Oloroso dulce de D.O. Jerez-Xérès-Sherry, de las variedades palomino fino y pedro ximénez, o con un vino fortificado con años de botella de A.O.C. Maury (Francia), elaborado con garnacha tinta.

En primer lugar, se funde el chocolate al baño María con la media tacita de agua. Cuando esté todo disuelto, se incorpora la mantequilla y se reserva. Se baten las claras de huevo a punto de nieve y se van agregando lentamente al chocolate reservado sin dejar de remover. Luego se añaden con cuidado las yemas montadas y se mezclan todos los ingredientes. Cuando esté todo bien amalgamado, se vierte la *mousse* en copas y se reservan en el frigorífico durante un mínimo de una hora antes de servirlas. En el último momento, se decora la copa con nata montada y unas hojas de menta.

El chocolate llegó a Europa en el siglo XVI desde México, donde existen registros que indican que ya la civilización olmeca (hacia el 1500 a.C.) consumía cacao asiduamente.

Cocina
de autor

Alicia Gironella De'Angeli
Restaurante Tajín

Alicia Gironella forma con su marido, el crítico gastronómico, ideólogo y empresario, Giorgio De'Angeli "la pareja gastronómica de México". Implicados en la defensa de la cocina tradicional mexicana, han impulsado varias iniciativas en torno a la gastronomía como expresión cultural, han participado en multitud de festivales y conferencias, y han publicado un buen número de libros. Desde 1993 están al frente de su restaurante Tajín.

Martha E. Ortiz Chapa
Restaurante Águila Sol

Licenciada en Sociología Alimentaria e Historia de la Gastronomía, Martha Ortiz es chef, asesora gastronómica y autora de prestigiosos libros de cocina. En 2001 inauguró el restaurante Águila y Sol, desde donde busca "la experiencia total de los sentidos a través de los sabores, colores y texturas de la gastronomía mexicana". En 2004 y 2005 recibió dos premios Star Diamond Award al mejor restaurante y el reconocimiento a su innovadora cocina mexicana.

Patricia Quintana
Restaurante Izote

Nombrada embajadora culinaria por la Secretaría de Turismo de México, Patricia Quintana se ha convertido en una experta y madura chef de prestigio internacional tras 25 años de estudios en Canadá, Suiza, Francia y México. Fusionando intuición y sensibilidad, ha creado un estilo vanguardista y renovador en la tradicional gastronomía mexicana. En 2001 inauguró su propio restaurante, Izote, en Ciudad de México.

Alicia Gironella
De'Angeli

Crema fría de aguacate

Ingredientes para 4 personas
Para la crema de aguacate:
1 limón real, lima o mandarina
2 aguacates grandes
300 ml de caldo de pollo
desgrasado (puede sustituirse
por caldo de pescado)
250 ml de yogur, jocoque o
crema
Sal
Pimienta

Para los escamoles:
200 g de escamoles
1 cucharada de mantequilla
1 cucharadita de aceite
12 chiles comapeños fritos
2 hojas de epazote picadas
12 tortillas pequeñas de 5 cm de
diámetro (chalupas)

El vino

Servir con un vino blanco seco sin
crianza en barrica de la Tierra de
Castilla, de la variedad riesling, o con
un vino blanco sin crianza en barrica
de la zona de Tokaj (Hungría),
de la variedad furmint.

La crema de aguacate: Se ralla la cáscara del cítrico hasta obtener media cucharadita, con cuidando de usar sólo la cáscara y nada de blanco. Se exprime entonces el resto y se guarda el jugo. Se pelan los aguacates y se machaca la pulpa junto con el jugo y la cáscara de medio limón (lima o mandarina). A continuación, se incorporan el yogur, el caldo, sal y pimienta y se pasa todo por un colador y se mezcla muy bien el conjunto o se tritura con la batidora. Se reserva en frío.

Los escamoles: Se fríen los escamoles unos cinco minutos en una sartén con aceite y mantequilla removiéndolos constantemente. Se salpimientan y se reparten en las chalupas.

Presentación: Se coloca la crema en el centro de platos grandes soperos. Los escamoles se adornan con el epazote y se colocan alrededor de la sopa fría de aguacate. Los chiles fritos se colocan en una cucharita sobre el borde del plato.

Alicia Gironella De'Angeli | *Dos ceviches*

Ingredientes para 6 personas
Para el ceviche de hongos:
400 g de hongos frescos
1 taza de jugo de limón
1/2 taza de cebolla picada
200 g de tomates picados sin piel ni semillas
1 cucharada de alcaparras picadas
1 chile verde picado
1/2 pimiento picado
Sal
Pimienta

Para el ceviche blanco:
1 kg de callos de almeja
1 taza de jugo de naranja y limón
2 cucharadas de tequila
Sal
Pimienta
5 chiles verdes serranos sin venas ni semillas, picados
4 cucharadas de aceite de oliva
4 cucharadas de cebolla picada muy fina
1/2 taza de aceitunas negras deshuesadas y rebanadas
1 taza de guacamole
Aceite de chiles
2 cucharadas de tapioca negra

El ceviche de hongos: Se pican los hongos, se dejan en el jugo de limón durante una hora aproximadamente y luego se escurren.

Se pican muy pequeños los tomates, la cebolla, las alcaparras, el chile y los pimientos. Se agregan todos estos ingredientes y se salpimienta.

El ceviche blanco: Dos horas antes de servir el plato, se marinan las almejas con los jugos. Se añade la sal, la pimienta, el chile picado en trocitos pequeños, el aceite de oliva y el tequila.

En el momento de servir, se escurren un poco y se termina de aderezar con la cebolla picada y las aceitunas negras y se mezclan con el guacamole. Se aderaza con aceite de chiles, un poco de salsa macha y los dos tipos de tapioca.

La salsa macha: Se limpian los chiles con un trapo de algodón que esté algo húmedo y posteriormente se les quitan los rabitos.

Se incorporan a una sartén con aceite tibio y se fríen sin dejar de removerlos hasta que empiecen a oscurecerse y dorarse. Se retiran entonces del fuego, se dejan enfriar y se baten.

sigue en página siguiente

rehidratada y cocida en
vinagreta blanca
2 cucharadas de tapioca blanca
rehidratada y cocida en
vinagreta balsámica

Para la salsa macha:
3/4 de taza de aceite
25 chiles de árbol

El vino
Acompañar de un vino tinto sin
crianza en barrica con
D.O. Calatayud, de la variedad
garnacha, o de un vino tinto con
poca crianza con A.O.C. Beaujolais
(Francia), de la variedad pinot noir.

Presentación: Se disponen los ceviches en unas conchas, primero el ceviche de hongos y encima el ceviche blanco. Se adorna el blanco con gajos de naranja y perejil, cilantro e hinojo picados y se rocía un poco de salsa macha, que se usa con suma precaución puesto que es muy picante.

Alicia Gironella
De'Angeli | *Las tres cucharas*

Ingredientes para 4 personas
Para la primera cuchara:
200 g de gusanos de maguey
2 cucharadas de mantequilla
1 cucharada de aceite para los
gusanos
500 g de tomates medianos
maduros, sin cáscara
1/4 de cebolla
2 dientes de ajo asado
4 a 5 piezas de chile serrano
verde chico, picadas
20 g de cilantro, perejil, epazote
y puerro cortados en juliana
4 cucharadas de aceite

Para la segunda cuchara:
100 g de chapulines
3 cucharadas de mantequilla
1 cucharada de aceite
6 aguacates chicos de cáscara
delgada
2 cucharadas de cebolla
finamente picada
2 chiles serranos picados
1/2 cucharadita de sal
1/2 cucharadita de zumo de
limón
2 cucharadas de cilantro picado
muy fino

La primera cuchara (gusanos de maguey en salsa de toma- te y hierbas fritas): Se calientan la mantequilla y el aceite y se fríen los gusanos de cuatro a cinco minutos en una sar- tén tapada, moviéndola para que se doren uniformemente.

Se muelen o pican los tomates, la cebolla y los ajos y se fríen unos minutos hasta que cambien de color. Se pican gruesamente el cilantro, el perejil y el epazote y se fríen por separado unos segundos. También por separado se fríe el puerro cortado en juliana. Todos los ingredientes deben quedar crujientes.

La segunda cuchara (chapulines con guacamole): Se calien- ten la mantequilla y el aceite en una sartén y se fríen los chapulines de cuatro a cinco minutos, tapando la sartén y moviéndola para que se doren uniformemente. Se prepara el guacamole haciendo un puré con los aguacates y mez- clándolo con el zumo de limón, la cebolla, los chiles, la sal y el cilantro. Para evitar que el guacamole ennegrezca, se de- jan en la mezcla los huesos de los aguacates.

La tercera cuchara (acociles con huitlacoche): Se calientan la mantequilla y el aceite en una sartén y se fríen los acoci- les de cuatro a cinco minutos, tapando la sartén y movién- dola para que se doren uniformemente. Se dejan cubiertos para evitar que se enfríen y, entre tanto, en otra sartén, se acitronan la cebolla y luego el ajo y, cuando estén transpa-

sigue en página siguiente

Para la tercera cuchara:

120 g de acociles
2 cucharadas de mantequilla
1 cucharada de aceite
200 g de huitlacoche limpio
1 cucharada de aceite
1 cucharada de cebolla picada
1 diente de ajo picado

El vino

Sírvase con un vino tinto sin crianza en barrica de D.O. La Mancha, de la variedad cencibel, o con un vino tinto sin crianza en barrica de D.O.C. Bardolino Classico, elaborado con corvina.

rentes, se añade el huitlacoche, que se deja cocer a fuego lento durante quince minutos.

Presentación: En la primera cuchara se coloca un poco de salsa de tomate, se completa con unos gusanos y se adorna con hierbas fritas. En la segunda cuchara se dispone un poco de guacamole y se completa con los chapulines fritos. En la tercera cuchara, se pone primero un poco de guiso de huitlacoche y se completa con una cucharadita de acociles fritos. Se repite el procedimiento para cada comensal.

Alicia Gironella
De'Angeli

Langosta al chimole

Ingredientes para 4 personas
Para la langosta:
4 langostas vivas
300 g de mantequilla
6 cucharadas de aceite
2 cabezas de ajo machacadas
Sal
Pimienta

Para la salsa de recaudo de chimole:
2 cabezas de ajo grandes enteras, quemadas hasta carbonizar el exterior
1 cucharada de pimienta negra entera
1 cucharada de pimienta gorda (o allspice*) entera*
1 cucharadita de semillas de comino enteras
12 clavos de olor
6 cucharadas de orégano seco
200 g de chile seco (preferiblemente el llamado japonés en Yucatán), sin rabitos ni corazón, quemado en comal o con alcohol al aire libre
1/2 taza de achiote
1 taza de vinagre suave de frutas (opcional)
1 cucharada de sal gruesa
Ramitas de huauzontle

El vino

Sírvase con un vino blanco fermentado en barrica con D.O.Ca. Priorat, de la variedad pedro ximénez, o de un vino blanco fermentado en barrica de la zona de Marlborough (Nueva Zelanda), elaborado con sauvignon blanc.

La langosta: Las langostas enteras se matan separando las cabezas con un golpe rápido y fuerte de un cuchillo grande. Se parte la langosta a lo largo del cuerpo, vigilando que las dos partes queden unidas. Se retiran las vísceras y se sazona con sal y pimienta. El coralillo (o hueva) de las hembras se separa y se guarda. En una sartén se calientan mantequilla y aceite con el ajo pelado y machacado y en esta grasa se fríen las langostas durante diez minutos aproximadamente.

La salsa de recaudo de chimole: Se asan las pimientas, el comino, los clavos y, al final, el orégano hasta que queden dorados y se muelen. Se remojan los chiles en poca agua o en vinagre (mejor) y se muelen junto con las especias, el achiote y la sal. Debe quedar una salsa seca que se guarda en refrigeración y tiene un largo período de conservación. Para utilizar el recaudo como salsa, se diluye con una mezcla de zumo de naranja, mezcal o sisal yucateco, aceite de oliva y un poco de caldo de pescado, al gusto.

Presentación: La langosta se presenta con el coralillo crudo, salsa de recaudo de chimole y una guarnición de ramitas de huauzontle cocidas al vapor durante diez minutos.

Alicia Gironella
De'Angeli

Guayabas rellenas de espuma de guanábana

Ingredientes para 4-6 personas

1,3 kg de guayabas grandes, ligeramente verdes
1/3 de taza de azúcar
1/3 de taza de vino blanco
1 ramita de canela de 5 cm
4 huevos
4 tazas de pulpa de guanábana limpia
1 cucharada de kirsch
1 l de nata
1/2 taza de azúcar glas
3 cucharadas y media de azúcar
150 g de zapote negro
6-12 fresitas del bosque con sus hojas
Zumo de naranja

El vino

Servir con un vino blanco joven semidulce de la Tierra de Castilla y León, de la variedad sauvignon blanc, o con un vino blanco Auslesse de la Región de Burgenland, elaborado con grüner veltliner.

Primero se prepara un almíbar con el azúcar, el vino, la canela y dos tazas de agua. Se pelan y se parten las guayabas por la mitad y, cuando el almíbar esté hirviendo, se agregan las guayabas y se dejan cocer a fuego suave hasta que estén *al dente*, unos diez minutos aproximadamente. Se reservan y se mantienen con sus semillas hasta el momento de servir. Por otra parte, se separan las claras y las yemas de los huevos y se pone a fuego bajo la pulpa de guanábana con las yemas y el *kirsch* removiendo el conjunto hasta que esté cocida la pulpa. Mientras se enfría, se bate la nata con el azúcar glas hasta que forme picos y se reserva. Se baten entonces las claras a punto de turrón con tres cucharadas y media de azúcar y se reservan. Una vez que la guanábana se haya enfriado, se mezcla primero con la nata batida y después con las claras aplicadas de forma envolvente. Se bate la pulpa de zapote negro con el zumo de naranja y se pasa por el tamiz.

Presentación: Se rellenan las guayabas con la espuma de guanábana con ayuda de una manga pastelera. Se presentan en cada plato una o dos guayabas, según el tamaño, y se decoran con la salsa de zapote, las fresas y sus hojitas y caramelos quebrados.

Martha E.
Ortiz Chapa

Guacamole tricolor

Ingredientes para 4 personas

120 g de cebolla blanca picada
Jugo de un limón
560 g de aguacate
80 g de cilantro picado
60 g de chiles serranos
despepitados y picados (o al
gusto)
Sal y pimienta (al gusto)
40 g de granos de granada roja
40 g de de requesón

Para el acompañamiento:

Tortillas de maíz cortadas en
triángulos y fritas
Pan árabe cortado en triángulos,
dorado

El vino

Sírvase con un vino blanco sin paso
por barrica de D.O. Somontano,
elaborado con gewürztraminer, o con
un vino blanco sin crianza de
A.O.C. Condrieu (Francia), de la
variedad viognier.

Se desflema la cebolla en una pequeña cantidad de jugo de limón durante una media hora y se escurre. Se machaca cuidadosamente el aguacate en un tazón o molcajete y se incorpora el cilantro, la cebolla desflemada y picada y el chile serrano. Se condimenta con sal y pimienta y se sirve el guacamole en un plato vistoso decorado con los granos de granada roja, el requesón y los totopos (nachos) de maíz y pan árabe.

Martha E.
Ortiz Chapa

Crema de mamey estofada a la hoja de oro con jalea de pétalos de clavel

Ingredientes para 4 personas

500 ml de nata para batir
1/2 vaina de vainilla
100 g de azúcar (o el necesario)
6 yemas de huevo
175 g de puré de mamey natural
Azúcar moscabado (el necesario para caramelizar)

Para la jalea de pétalos de clavel:

50 g de azúcar
25 ml de agua
15 g de pétalos de clavel (limpios)
Zumo de 1 limón
Jarabe de granadina

Para la decoración:

8 hojas pequeñas de oro comestible para adornar
Pétalos de clavel para adornar

El vino

Servir con un Cream de D.O. Jerez-Xérès-Sherry, de las variedades palomino fino y pedro ximénez, o con un Tawny de 20 años de D.O. Porto (Portugal), elaborado con tinta roriz, toruriga nacional y otras variedades.

La crema de mamey: Se baten las yemas con el azúcar a punto de nieve. Se pone la nata a fuego lento en un cazo y, antes de que suelte el hervor, se incorporan las yemas a punto de nieve, sin dejar de remover la mezcla hasta que espese. Cuando adquiere la consistencia cremosa deseada, se retira del fuego y se le incorpora el mamey. Se cuela el conjunto, se reparte en moldes individuales y se hornea al baño María a 100 ºC durante 25 minutos aproximadamente. Se retira del horno, se deja enfriar y se espolvorea un poco de azúcar cuidadosamente en la parte superior del dulce para después caramelizarlo con ayuda de un soplete de pastelería.

La jalea de pétalos de clavel: En un recipiente de cobre, se prepara una miel con el azúcar, el agua y el jugo de limón. Se deja entibiar y se agregan los pétalos y la granadina.

Presentación: Se adorna la crema de mamey con la hoja de oro y la jalea y se sirve acompañada de pétalos de clavel.

Ceviche de esmedregal con piña y chile manzano, aderezo de cilantro y albahaca

Martha E. Ortiz Chapa

Ingredientes para 4 personas

240 g de filete de esmedregal limpio, sin piel y cortado en dados
240 ml de jugo de limón
Sal
1 pizca de orégano seco
1 pizca de pimienta blanca molida
80 g de pepino pelado y picado en dados
80 g de piña picada en dados
10 g de cebolla morada picada
1/2 cucharadita de chile manzano picado, o al gusto
20 ml de aceite de oliva
Hojas de albahaca fritas
Ajonjolí negro
60 ml de vinagreta de cilantro y albahaca
Rebanadas de piña deshidratada

Para el aderezo de cilantro y albahaca (150 ml aprox.):

10 g de hojas de albahaca
10 g de hojas de cilantro
2 g de ajo
5 g de cebolla
5 g de chile serrano sin semillas
20 ml de vinagre de vino blanco
50 ml de aceite de oliva
50 ml de aceite de cártamo
Sal
Pimienta

El vino

Servir con un vino blanco fermentado en barrica de la Tierra de Castilla, elaborado con viognier, o con un vino blanco sin crianza de la zona de Marlborough (Nueva Zelanda), de la variedad sauvignon blanc.

El ceviche: Se deja el esmedregal en maceración con el jugo de limón, el orégano y la pimienta blanca por espacio de una hora aproximadamente. A continuación, se escurre el pescado y se le incorporan el pepino, la piña, la cebolla morada y el chile manzano finamente picados. Se salpimienta la mezcla y se riega con aceite de oliva.

El aderezo: Se baten o licuan todos los ingredientes, se sazona el aderezo con la pimienta y la sal al gusto y se reserva.

Presentación: Se sirve el ceviche en una la copa fría aderezado con la vinagreta de cilantro y albahaca. Se decora con el ajonjolí negro y hojas de albahaca frita o rebanadas de piña deshidratada.

Martha E.
Ortiz Chapa

Flan de coco con piña tropical a las especias

Ingredientes para 4 personas

Para el flan de coco:

2 huevos
70 ml de leche evaporada
270 g de queso crema
35 g de azúcar
35 g de puré de coco

Para la piña tropical a las especias:

270 g de piña limpia y sin corazón
100 g de azúcar
1/2 vaina de vainilla
15 g de mantequilla
30 ml de licor de coco

Para los bastones de caramelo (250 g):

250 g de isomalt (sustituto de azúcar)
75 ml de agua
Colorante rojo (el necesario)

Para la decoración:

Coco rallado y deshidratado
16 bastones de caramelo
4 flores naturales de su elección

El vino

Servir con un vino blanco dulce con paso por barrica de D.O. Navarra, elaborado con moscatel, o con un vino dulce natural de A.O.C. Muscat du Frontignan (Francia), de la variedad muscat.

El flan de coco: Se baten todos los ingredientes y se vierte la mezcla en moldes individuales. Se hornean los flanes a 100 °C al baño María durante 45 minutos y se dejan enfriar. Una vez fríos, se reservan en el frigorífico.

La piña tropical: Se funde la mantequilla en una cacerola y se incorpora la piña picada en dados y la vainilla abierta y raspada. Se añade seguidamente el azúcar y se remueve la mezcla. Se retira entonces del fuego, se deja enfriar y, al final, se le incorpora el licor de coco.

Los bastones de caramelo: En una olla, se calienta el agua para el caramelo junto con el sustituto del azúcar *isomalt* hasta que alcancen una temperatura de 180 °C. Se vierte la mezcla sobre un tapete de silicona y se trabaja el caramelo incorporándole el colorante. Finalmente, se forman los bastones con la ayuda de un foco especial para pastelería.

Presentación: Se desmolda el flan, se introducen en la superficie cuatro bastones largos de caramelo y se forma un florero que sirva para sostener la flor elegida. Se dispone la piña y se decora con coco rallado y deshidratado.

Martha E.
Ortiz Chapa

Agua de Jamaica con caricia de rosas

Ingredientes para 4 personas

230 ml de infusión de flor de Jamaica
60 ml de infusión de especias (canela, clavo y anís estrellado)
680 ml de agua natural
170 g de jarabe natural, o al gusto
Cubitos de hielo
Pétalos de rosa

La bebida

El Agua de Jamaica ya es un digestivo, por lo tanto, no necesita otra bebida para acompañarla.

Se elaboran por separado las dos infusiones. Se lleva un cazo al fuego y, cuando el agua llega al punto de ebullición, se incorporan las flores de jamaica y se dejan infusionar durante entre tres y cinco minutos. Se retira el cazo del fuego y se espera a que se enfríe. Se procede del mismo modo con la canela, el clavo y el anís y se deja enfriar. Seguidamente, se vierten los distintos ingredientes en una jarra grande de cristal, se remueve todo y se agrega el hielo. Se decora con pétalos de rosa.

Se puede enriquecer el agua agregando piel de naranja cortada en juliana, un elemento que hará de este delicioso preparado una bebida aún más exótica y sensual.

Patricia Quintana

Cristales de jícama con guacamole y aguacate al chipotle

Ingredientes para 4 personas
Para la jícama:
*1 jícama grande, sin piel
(10 rebanadas en mandolina)*

Para el relleno de guacamole:
*2 aguacates (Hass) maduros
1 cebolla mediana
3 chiles verdes serranos frescos 1
cucharada de calabacita
1 cucharada de cilantro
10 g de cebollino picado
Zumo de 1/2 limón
Aceite de oliva y sal*

Para el relleno del taco de jícama
con aguacate rebanado al chipotle:
*1 aguacate Hass
8 lonchas de queso panela
4 chiles chipotles adobados
16 ramitas de cebollino
16 ramitas de cilantro*

Para el aceite de cebollino:
*1 taza de aceite de oliva
80 g de cebollino
1 cucharadita de sal*

Para el aceite de zanahoria:
*8 zanahorias medianas
3/4 de taza de aceite de oliva*

Para el aceite de chile:
*8 chiles de árbol
1/2 taza de aceite de oliva
1/2 cucharadita de sal*

El vino

Sírvase con un vino blanco seco sin
crianza en barrica de D.O. Rueda, de la
variedad verdejo, o con un vino blanco
seco sin barrica de la zona de Paarl
(Sudáfrica), elaborado con riesling.

Los tacos de jícama con relleno de guacamole: Se mezclan los aguacates, el cebollino finamente picado y la sal en una tabla de picar y se revuelve todo hasta que quede bien emulsionado. Se incorpora la cebolla y, con un cuchillo, se pica todo en conjunto. Se añaden el chile y la calabacita con el cilantro y se vuelve a picar la mezcla. Se sazona con un poco de sal, zumo de limón y aceite de oliva y se obtiene un puré espeso. Se extienden cuatro rebanadas de jícama, se rellenan con dos cucharadas de guacamole y se enrollan en forma de taco.

Los tacos de jícama con relleno de aguacate rebanado al chipotle: Se colocan cuatro rebanadas de jícama muy finas en un plato. Se rellena cada una con dos rebanadas de aguacate y se sitúan al lado las lonchas de queso panela, las rajitas de chipotle, las dos ramitas de cebollino y las dos ramitas de cilantro. Se salan, se enrollan y se cortan.

El aceite de zanahoria: Se prepara un zumo de zanahorias y se lleva al fuego. Se deja reducir a una cuarta parte. Una vez frío, se añade el aceite y se licua durante unos 4 minutos.

El aceite de chile: Se calienta una sartén pequeña con aceite de oliva y se fríen los chiles hasta que queden crujientes. Se trituran hasta emulsionar la mezcla y se añade sal.

Presentación: Se enfrían cuatro platos hondos y se disponen en el centro los dos tacos de jícama y a un lado el medio taco sobre el guacamole con dos ramitas de cebollino anudadas encima. Se termina de decorar el plato con los tres aceites.

Patricia Quintana

Chile poblano relleno de ceviche de huachinango a los cítricos

Ingredientes para 4 personas
Para los chiles:
4 chiles poblanos, medianos, asados, sudados y desvenados

Para el ceviche de huachinango:
375 g de huachinango, natural
1/2 manojo de cebollino, finamente picado
1 cebolla morada, fileteada finamente en sesgo, pasada por agua caliente
1/3 de taza de vinagre blanco
Jugo de dos limones
1/4 de taza de jugo de naranja agria
1/4 de taza de jugo de naranja dulce
1/4 de taza de jugo de toronja
1/4 de taza de aceite de oliva
Sal
Pimienta
Aceite de zanahoria (para decorar)

Para el aceite de betabel:
500 ml de jugo de betabel (remolacha)
125 ml de aceite de oliva

El vino
Acompañar de un Oloroso seco con crianza biológica (bajo velo en flor) con D.O. Jerez-Xérès-Sherry, de la variedad palomino fino, o de un vino blanco semiseco sin crianza, spatlese demi-trocken, de Franconia (Alemania), de la variedad müller-thurgau.

Los chiles: Se asan los chiles poblanos a fuego directo, con ayuda de unas pinzas y, cuando la piel está asada, se apartan del fuego y se pasan inmediatamente por agua corriente para que queden verdes y crujientes. Se retira la piel de los pimientos, se lavan y luego se desvenan realizando unos cortes a lo ancho para sacar tres tiras.

El ceviche de huachinango: Se corta el huachinango en tiritas, que se mezclan en un recipiente con la cebolla morada fileteada y el cebollino. Se vierten en el recipiente los jugos de naranja agria, naranja dulce y toronja, el vinagre blanco y, poco a poco, el aceite de oliva. Se remueve todo con una espátula para que no se rompan las tiritas de huachinango y se salpimienta.

El aceite de betabel: En una cacerola, se vierte el jugo de betabel y se deja hervir hasta que se haya reducido a un tercio. Seguidamente, se licua la reducción con el aceite de oliva.

Presentación: En un plato imperial hondo, se disponen las tres tiras de chile poblano enrolladas con el huachinango marinado a los cítricos en el centro. Se corona cada rollito con cebolla morada, una pizca de cebollino y unas gotitas de aceite de betabel. En la otra parte del plato, se hace una línea con el aceite de betabel. Se adorna finalmente con gotas de aceite de zanahoria (ver *Cristales de jícama con guacamole y aguacate al chipotle*) y se sirve a temperatura ambiente.

Patricia Quintana | *Pescado del día con cuitlacoche con infusión de crema al azafrán*

Ingredientes para 4 personas
Para el cuitlacoche:
1/2 taza de aceite de oliva
2 dientes de ajo, finamente picados
1 cebolla mediana, finamente picada
2 chiles verdes, finamente picados o al gusto
800 g de cuitlacoche finamente picado
400 g de champiñones, lavados y finamente picados
1 taza de epazote o cilantro
2 tomates, finamente picados
3 ramas de epazote
Sal
Pimienta

Para la salsa de crema:
2 tazas de caldo de pollo reducidas a 1 taza con vino blanco
1,5 tazas de crema dulce
1/2 taza de azafrán mexicano, ligeramente tostado y molido (o bien 2,5 g de azafrán español)
50 g de mantequilla
2 dientes de ajo
Sal
Pimienta

El cuitlacoche: Para preparar el cuitlacoche, se lleva una cacerola al fuego con aceite donde se sofríen primero brevemente los dientes de ajo. Se incorporan después las cebollas y una pizca de sal. A continuación, se agregan los chiles verdes, el epazote o el cilantro, el tomate, los champiñones y el cuitlacoche y se deja reducir el conjunto a fuego medio. Se rectifica de sal y se comprueba la cocción del cuitlacoche, que estará listo cuando tenga la consistencia de un puré espeso.

La salsa de crema: En primer lugar se tuesta ligeramente el azafrán en una sartén antiadherente, con sumo cuidado para que no se queme. Se lleva el caldo de pollo al fuego en un cazo junto con el vino blanco y se deja reducir todo a fuego vivo hasta obtener una taza. Una vez reducido el caldo con vino de dos tazas a una, se le incorpora el azafrán y se deja infusionar unos minutos. Paralelamente, se licua la crema con los ajos y se vierte la mezcla en el caldo. Se cuela el caldo para retirar las briznas de azafrán, se sazona y se deja cocer hasta que adopte una consistencia espesa. Al final, se agrega la mantequilla para ligar la salsa.

El pescado: Se unta el pescado generosamente con mantequilla, aceite de oliva, sal y pimienta. En la licuadora, se mezcla un fumet o caldo de pescado previamente preparado junto con la pimienta negra y se sazona al gusto. Se pre-

sigue en página siguiente

Para el pescado:

4 filetes gruesos de pescado (bacalao, huachinango, pámpano, róbalo) de 250 g cada uno
2 hojas de plátano lavadas y picadas
3 cucharadas de mantequilla a temperatura ambiente
1/2 cucharadita de sal
1/2 cucharadita de pimienta
1/2 taza de aceite de oliva

Para el caldo:

2 tazas de caldo o fumet de pescado
3 granos de pimienta negra
2 hojas de laurel
1 ramita de tomillo
2 tazas de aceite
3 papas
Mezcla de lechugas o germinados tiernos
4 cucharadas de aceite de oliva
8 cucharadas de vino de jerez
4 cucharadas de vinagre

El vino

Acompañar de un vino blanco fermentado en barrica con D.O. Montsant, de las variedades garnacha blanca y xarel·lo, o de un vino blanco con crianza en barrica del valle del Napa (EE.UU.), de la variedad chenin blanc.

para una vaporera china colocando hojas de plátano encima de la rejilla y, sobre dichas hojas, se acomodan los trozos de pescado. Se dejan cocer con el caldo al baño María durante siete u ocho minutos y se retiran.

Presentación: Se presenta en platos hondos un lecho de cuitlacoche dándole forma de cuadro. Encima se coloca un trozo de pescado al vapor en sesgo y finalmente se riega el pescado con la crema de azafrán y se da una nota de color alrededor del plato.

Patricia Quintana

Tarta zaachila y chocolate con nuez, helado y cajeta

Ingredientes para 4 tartas
Para la masa:
1 taza de harina
1/3 de taza de azúcar
1 pizca de sal
80 g de mantequilla, cortada en trocitos
1-2 yemas de huevo grandes, batidas con 3 cucharadas de agua helada
Pasta sucreé (opcional)

Para el relleno:
1/5 de taza de agua
1/4 de taza de azúcar
1/5 de taza de cajeta quemada
1/4 de taza de nata natural
1/5 de taza de mantequilla, partida en trocitos
1/5 de taza de miel de abeja
1 pizca de sal
1 taza de nueces, partidas
50 g de chocolate amargo, en trocitos
1 pizca de levadura

Para barnizar:
1 yema batida
4 cucharaditas de nata dulce

La masa: Se mezcla en el procesador la harina con el azúcar, la sal y la mantequilla hasta obtener una pasta arenosa. Se añaden las yemas y se sigue batiendo hasta formar una masa homogénea que se divide en dos partes: una mayor para la base y otra más pequeña para la parte superior. Se envuelve la masa en film transparente y se reserva en la parte más fría del refrigerador durante una hora.

Si se prefiere, se puede reemplazar esta masa por pasta *sucreé*.

El relleno: En un cazo a lumbre baja, se disuelve perfectamente el azúcar y una pizca de levadura en el agua removiendo constantemente. Si durante la cocción se forman cristales de azúcar, se bajan con una brocha mojada en agua fría para devolverlos a la miel y que se disuelvan. Se sigue cociendo el conjunto a fuego lento hasta obtener un caramelo de color dorado claro, que se retira del calor y se deja reposar para que oscurezca.

En una olla alta, se combinan la cajeta y la nata. Se incorpora a continuación rápidamente el caramelo con ayuda de un batidor de globo y se deja que suba y que salga el vapor. Se devuelve el recipiente al fuego y se le añade la mantequilla, la miel, la sal y el chocolate. Se cuece el conjunto hasta que la mantequilla y el chocolate se disuelvan y la mezcla quede suave. Se incorporan las nueces y se prolon-

sigue en página siguiente

Para el adorno:

60 g de chocolate semiamargo y amargo, en trocitos
1/5 de taza de nata natural batida
Azúcar glas
Figura de chocolate
Salsa de vainilla

El vino

Acompañar de un vino tinto dulce rancio con crianza en barrica con D.O.Ca. Priorat, de las variedades garnacha y cariñena, o de un vino tinto pasificado dulce con crianza en barrica con D.O.C.G. Sagrantino Passito (Italia), de la variedad sagrantino.

ga la cocción durante diez minutos, sin tapar, a fuego moderado y removiendo ocasionalmente la mezcla, que debe quedar compactada. Se retira del fuego el relleno y se pasa a un bol para que se entibie.

La tarta: Se retira del refrigerador la masa y, sobre una superficie enharinada, se estira con ayuda de un rodillo hasta lograr un grosor de medio centímetro. Se corta la masa según el tamaño de los moldes individuales (aproximadamente ocho centímetros de diámetro) y se forran los moldes previamente engrasados con mantequilla hasta los bordes. Se barniza la circunferencia y se rellena con las nueces caramelizadas ya frías. Se estira el resto de la masa y se cubre la parte superior de las tartas, pegando los bordes de las dos piezas de masa con huevo batido. Se congelan durante veinte minutos y, al retirarlas del congelador, se barnizan con una mezcla de yemas y nata y se hornean unos veinte minutos, hasta que doren.

Retirar y dejar enfriar completamente.

El adorno: En un recipiente al baño María, sin dejar que salga el vapor, se derrite el chocolate, que luego se deja entibiar y se pasa a una manga pastelera para poder decorar la tarta.

Presentación: Se coloca la tarta tibia en el centro del plato y se decora con el chocolate derretido. la crema batida fría se coloca en un lado y en el otro la salsa de vainilla. Se envuelve la tarta con la figura de chocolate y se espolvorea con una lluvia de azúcar glas.

La despensa

Achiote
Semilla de color rojo intenso, originaria del sureste del país, que sirve para condimentar aves, pescados y carne de cerdo. Mezclado con varias especias, forma una pasta.

Aguacate
Fruto del árbol de la familia de las lauráceas, nativo de las regiones cálidas de América. Su pulpa es espesa, mantecosa y perfumada. Existen muchas variedades, desde las más pequeñas, que pueden comerse con piel, a las muy grandes con forma de pera y piel de tonos rojizos.

Aguaucle (o achaucle)
Huevas de una mosca que habita en zonas húmedas. Secadas al sol, se comen revueltas con huevos de gallina. Aunque difícil de encontrar, siempre fue un manjar muy apreciado por los aztecas.

Ajo
Aunque de origen oriental, se usa en las cocinas de todo el mundo, y México no es una excepción. Además de su aroma, se la atribuyen propiedades curativas y beneficios contra la tos, el asma, las lombrices y los venenos. Es uno de los condimentos más utilizados en la gastronomía mexicana, a pesar de su difícil digestión.

Ajonjolí
Pequeñas semillas de color paja que contienen una gran cantidad de aceite. Molidas junto con otras especias, se utilizan para elaborar salsas o moles. Enteras, se espolvorean sobre ensaladas o adornan galletas, dulces y panes.

Arroz

Procedente de los países orientales y perfectamente arraigado, desde época colonial, en la cultura gastronómica mexicana. Frecuente tanto en la popular forma de sopa seca como para sopas caldosas, postres o guarnición de platillos más consistentes. Rico en almidón y calorías, pero escaso aporte proteínico.

Calabacita

Fruto bajo en calorías y rico en vitaminas. Contiene mucha agua y es fácilmente combinable con otros alimentos gracias a su sabor tan suave. Puede comerse cruda, como acompañamiento de ensaladas, aunque es más frecuente cocida al horno, rellena o como un ingrediente más en algunos estofados. Sus semillas (o pepitas) también son comestibles, así como sus flores, que también acompañan algunas cazuelitas.

Camarón

Ya sea pescado en aguas del golfo de México o cultivado en piscifactorías, el camarón es uno de los mariscos más utilizados en la cocina mexicana. Existen diversas variedades del camarón tropical, según la firmeza y el color de su carne, desde el blanco, el café o el tigre negro hasta el camarón de roca.

Cilantro

Planta originaria de Europa, de color verde oscuro y de hojas pequeñas ligeramente redondas. Es parecido al perejil, pero su sabor es mucho más fuerte, penetrante y aromático. Bajo en grasa y calorías. Sus semillas se usan también para confitería.

Charales

Pescados muy pequeños, blancos o semitransparentes, que habitualmente se compran secos. Son habituales en las zonas del Estado de México, Michoacán y Jalisco.

Chayote

Hortaliza verde de piel recubierta por espinas, aunque también existe una variedad con la piel lisa (chayote pelón). Su pulpa, muy suave, combina con otros alimentos. Contiene agua y vitaminas. Es bajo en calorías y de fácil digestión.

Chile (o guindilla)

Elemento característico de la cocina mexicana. Rico en vitaminas antioxidantes y con supuestas propiedades afrodisíacas. En la cocina popular, se utiliza entero, sin desvenar y con semillas, crudo o cocido. Aporta sabor y estimula el paladar. En función del picante y la forma, existen infinidad de variedades. El chile fresco es picante o muy picante y, dentro de esta categoría, la variedad más consumida es el jalapeño, sin menospreciar el chile poblano, el serrano, el piquín (ingrediente de la popular salsa Tabasco) o el chilaca. Algo más dulces son los chiles catalogados como secos, entre los que destacan con entidad propia el chile pasilla, el chile guajillo, el chile mulato o el chile largo.

Chocolate

En época prehispánica, los mayas ya utilizaban el cacao para la elaboración de una bebida. Precisamente, el chocolate fue uno de los primeros tesoros que descubrieron los colonizadores españoles y que, rápidamente, importaron al Viejo Continente. Hoy en día, el cacao sigue siendo un elemento indispensable en la cocina mexicana.

Epazote

Hierba de color verde oscuro originaria de México, con un olor muy particular y ligeramente picante. Sus hojas y flores se suelen tomar como infusión, aunque también se emplee para la elaboración de salsas para pescados, mariscos, carnes y guisos diversos.

Frijoles (o alubias)

Uno de los principales alimentos populares de los mexicanos. Absorben y mezclan entre sí el sabor de las especias y aportan un gran valor nutritivo. Existen múltiples variedades, desde las tiernas judías del norte, de color rosa pálido, hasta los frijoles negros del sur. Su presentación también es muy variada (borrachos, de olla, refritos, colados, charros, enchilados, maneados, puercos).

Guajolote

Pavo de origen autóctono que, tradicionalmente, se cazaba en los bosques de pino-encino por todo el país. En la actualidad, sólo se encuentra en regiones remotas o en algunos ranchos privados.

Guayaba

Fruta originaria de las regiones cálidas. Su pulpa, muy aromática y un poco ácida, resulta muy refrescante. Se come cruda o confitada, y se elaboran con ella platos dulces o salados. Existen diversas variedades, en función de la forma, el tamaño, el color y el sabor.

Gusanos de maguey

Apreciados y muy cotizados, son larvas de mariposas que crecen en las pencas bajas del maguey, sobre todo en las zonas de Hidalgo, Tlaxcala y el estado de Nuevo México. Se comen fritos, y los gusanos blancos (meocuil) son más apreciados que los colorados (chilocuil).

Huachinango

De color rojo uniforme, con unas bandas azules a lo largo de las escamas. Su carne magra, blanca y fina lo convierte en uno de los pescados favoritos entre los mexicanos. Se vende fresco, fileteado, salado y congelado. No se desaprovechan ni la cabeza ni la cola, que sirven para hacer un delicioso caldo.

Huitlacoche

Hongo negro que nace en la mazorca del maíz. Su apariencia induce a engaño, pero su textura y su sabor son exquisitos. Ideal para sopas y las tradicionales quesadillas de huatlicoche. Bajo en calorías, sodio, grasa y colesterol.

Jitomate

Hortaliza mexicana por antonomasia, de tamaño grande, color rojo y forma irregular, equivalente a la del tomate mediterráneo. Alimento muy sano, rico en vitamina C y sales minerales. Crudo, aparece sobre todo en ensaladas, antojitos y tortas; aunque, asado o hervido, también sirva como ingrediente en salsas y guisados.

Jumil (o xumil)

Insecto comestible. Se puede comer crudo (es decir, vivo) o seco y molido. Muy codiciado en algunas zonas, como en el municipio de Taxco, en el estado de Guerrero, donde anualmente se celebra la fiesta del jumil.

Limón

Cítrico de pequeñas dimensiones, verde y muy ácido. En Europa, recibe el nombre de lima; mientras que el limón común europeo, de color amarillo, se conoce en México como limón dulce. El limón es indispensable para preparar ceviches o margaritas. Sus gajos se utilizan para acompañar sopas, carnes, pescados y prácticamente cualquier plato.

Maíz

Base de la alimentación mexicana. Planta sagrada en las antiguas civilizaciones maya y azteca. Se aprovecha cada uno de sus componentes. Los elotes frescos se comen asados o cocidos, solos o con otros alimentos. Con el grano seco y molido se hace la masa para tortillas, antojitos o tamales. Las hojas que recubren las mazorcas sirven para envolver tamales o quesos. Incluso, con el cabello se prepara un té diurético.

Mango

Conocido como el "melocotón de los trópicos", es un fruto carnoso, sabroso y refrescante. Posee un elevado contenido de agua y gran aporte de hidratos de carbono. Rico en magnesio y en vitaminas A y C.

Nopal

Cactus de tallo de cladodios carnosos con espinas y flores grandes. Su fruto, la tuna, tiene una abundante pulpa dulce y muchas semillas. Quitadas las espinas, las pencas del nopal sirven, además, de base para ensaladas y salsas.

Piña

De sabor dulce y elevado contenido de agua, aunque su valor calórico es moderado. Destaca su riqueza en potasio, yodo y vitamina C. Se usa tanto para la preparación de platos dulces como salados.

Pollo

Es uno de los alimentos más consumidos a nivel mundial y México no es una excepción. Comparado con la de otros tipos de ganado, la del pollo es una carne muy apreciada por su sabor y una producción muy rentable.

Queso

En México, existen diversas variedades de quesos, aunque los más populares son el queso añejo (seco y un poco salado, se sirve desmenuzado), el queso asadero (ideal para fundir) y el queso Chihuahua (tierno y de color blanco).

Semilla de amaranto

Cereal en forma de pequeñas bolas de color paja y poco peso. Su presencia en la cocina va ligada a la repostería (pasteles, panes, galletas y dulces como la alegría), aunque también sirve como guarnición para la macedonia de frutas.

Tomatillo

Hortaliza autóctona mexicana con un aspecto parecido al de un tomate *cherry* verde. Sabor ligeramente agrio. Utilizado para sopas, salsas, guisados y antojitos. El tomatillo de milpa, más pequeño y ácido, da mejor sazón a los platillos.

Trigo

Aunque en menor medida que el maíz, elemento básico en la cocina mexicana. En el norte del país, la harina de trigo es la base para la elaboración de las tortillas. Se utiliza también para los productos de panadería.

Las bebidas

Si la intensidad de sabores y la riqueza de los ingredientes de la cocina mexicana han conquistado a medio mundo, sus bebidas no se quedan atrás. ¿Quién no ha saboreado alguna vez una suave cerveza mexicana con un ligero toque a limón? Por no hablar de los populares "tragos" de tequila o de los clásicos cócteles que se preparan con él. Aunque no tan reconocidos, también destaca la gran variedad de vinos tranquilos.

Sin lugar a dudas, la bebida nacional por excelencia es el tequila. Este destilado forma parte de la identidad del país, hasta tal punto que incluso en la Constitución se establece que el tequila debe ser un embajador de la cultura mexicana. Se trata del primer producto industrial de México que, además, refleja el mestizaje de su sociedad, ya que los primeros pobladores conocían una parte del proceso y no fue hasta la llegada de los conquistadores españoles cuando se acabó de desarrollar su elaboración. Desde el cine a las canciones mexicanas, todo el folclore está marcado de sugerentes imágenes relacionadas con el tequila y sus múltiples variedades, pero pocos conocen realmente el origen de esta bebida.

Tequila: origen y variedades

Para hablar del tequila hay que empezar por su materia prima: la planta de agave. No debemos confundir mezcal con tequila. El primero es el nombre genérico de toda bebida obtenida por la destilación de jugos fermentados de un agave, mientras que el tequila se elabora con una variedad concreta: el Agave Azul o *Agave Tequilana Weber Azul,* nombre científico dado por el botánico alemán Franz Weber al estudiar las variedades del agave a principios de siglo XX.

Su nombre hace referencia a la región donde comenzó a elaborarse hace ya más de 400 años. Tequila fue una población de origen prehispánico que daba nombre tanto al valle en el que se encuentra como al volcán cercano. Actualmente, se sitúa en el estado de Jalisco y se baraja la posibilidad de que los paisajes de agave y las haciendas tequileras sean consideradas Patrimonio de la Humanidad por la UNESCO. En cuanto al origen del término tequila, la palabra tiene varios significados que provienen del habla náhuartl y hacen referencia al "lugar de trabajo" (de *téquitl,* trabajo, y *tlan,* lugar) y al "lugar donde se corta" (del verbo *tequi,* cortar, y *tlan,* lugar). La mayoría de los tequilas que se consumen por todo el mundo no son 100% alcohol destilado de agave, sino en proporciones menores. Eso sí, nunca inferiores al 51%. Existen tres clases de tequila: blanco (sin tiempo en cuba), reposado (con un año en cuba de roble) y añejo (por lo menos tres años). Por supuesto, los más caros son los añejos con 100% de Agave Azul.

Cómo beber tequila

Muchas imágenes cinematográficas han ayudado a crear el estereotipo de que el tequila debe beberse rápidamente y de un solo trago. Pero realmente la variedad de fórmulas para saborear un tequila es enorme y, de hecho, los expertos defienden que la mejor manera de apreciarlo es saboreándolo y degustándolo con tranquilidad y a sorbos pequeños. Las variedades de tequila reposado o añejo son ideales para tomarlas solas, ya que conservan el sabor y aroma del agave y de las barricas de roble. En cambio, los tequilas blancos y jóvenes son los más apropiados para preparar los famosos "tragos". Por supuesto, la forma habitual de tomar tequila en medio mundo continúa siendo "en caballito", es decir, acompañado con sal y limón. También es muy popular el tequila bandera (tequila, limón y sangrita), y para los más audaces el tequila bravo, que añade chile a la versión anterior. También es ideal para preparar cócteles, ya que combina maravillosamente con jugos de origen cítrico, como zumos de limón, lima, naranja o mandarina. Así, se ha convertido en uno de los elementos fundamentales en las coctelerías de todo el mundo, causando furor sobre todo con el Tequila Sunrise (tequila, jarabe de granadina y zumo de naranja) o el cóctel más clásico y difundido mundialmente: el Margarita (tequila, Cointreau y zumo de limón).

La cerveza mexicana, líder mundial

Desde que en 1544 se fundó la primera cervecería de toda América Latina en la Ciudad de México, esta bebida se ha consolidado en medio mundo. Aunque más suave que la europea, la mexicana es todo un clásico para los amantes de la cerveza y, sobre todo, en EE.UU., su principal mercado. Desde 2003 México es el primer exportador de cerveza a nivel mundial, superando a sus máximos competidores, Holanda y Alemania.

La actual cerveza mexicana es muy diferente a la que caracterizó a los inicios de esta bebida en el siglo XVI. Entonces, la mayoría de la cerveza que se consumía en México era casera y de baja graduación. Fue a finales del siglo XIX cuando la industria cervecera empezó a crecer en todo el país, primero en Monterrey y posteriormente en Veracruz. De todas formas, la verdadera modernización de este sector no se produjo hasta la llegada de inversores franceses y alemanes, que introdujeron la tecnología europea más puntera en el proceso de producción de cerveza. Fue tal la revolución de este sector que a principios del siglo pasado la cerveza mexicana ya era reconocida entre las mejores a nivel mundial. Desde entonces, el constante proceso de incremento de producción y calidad se ha visto recompensado con subidas espectaculares de sus ventas.

Los vinos

La historia del vino mexicano se remonta a la época precolombina, cuando los indígenas utilizaban las vides salvajes para hacer una bebida a la que agregaban otras frutas y miel. Después del descubrimiento de América, empezaron a llegar al Nuevo Mundo caldos europeos y, pocos años después, los conquistadores y misioneros españoles también importaron la vid a México. Las primeras fueron plantadas en los campos de la Baja California, cuya variedad es conocida con el nombre de criolla. A lo largo de toda la época colonial se extendió el cultivo por otras zonas y se inició la elaboración de caldos con uvas del país. No fue hasta 1920 cuando se inició el cultivo serio de vinos mexicanos, que todavía estaban lejos de llegar a ser caldos reputados porque los recursos de la vinicultura eran aún limitados: se utilizaban equipos defectuosos y no se realizaba una adecuada selección de variedades. Es esencial en la historia del vino mexicano la creación de la Asociación Nacional de Vitivinicultores en 1948. Poco a poco, se han ido incorporando a ella nuevas compañías y la situación general ha cambiado considerablemente, incrementándose de forma importante el cultivo de la vid a partir de la década de 1970. Paralelamente a la mejora de los procesos productivos y a la incorporación de las más modernas técnicas enológicas, se ha producido una revolución social que ha comportado nuevas costumbres y, en especial, se ha incrementado el consumo per cápita pasando de un tercio de botella en la década de 1970 a dos botellas en la década de 1990. La creciente calidad de los vinos mexicanos ya ha logrado reconocimientos internacionales, gracias a la apuesta por la calidad en los caldos reservados a la exportación.

Restaurantes y establecimientos

⊙ Dirección
🕔 Teléfono
(FAX) Fax
@ Correo electrónico
(www) Página web

PRECIO:
€ Menos de 30 euros
€ € Entre 30 y 60 euros
€ € € Más de 60 euros

EL MARIACHI

☺ Avda. Castilla, 12.
33203 Gijón

☎ 985 134 352

PRECIO: € €

Situado cerca del parque de Isabel la Católica, El Mariachi es una buena opción para degustar platos con sabor de México. Este establecimiento ofrece a sus clientes una atractiva carta en la que destacan en especial sus deliciosos chiles.

CAFÉ MÉXICO

☺ Plaça del Progrés, 9.
07013 Palma de Mallorca

☎ 971 738 874

PRECIO: €

Ambiente puramente mexicano en una antigua edificación mallorquina. Las enchiladas, los burritos, las fajitas..., lo mejor de la cocina tradicional de este país. No tienen que dejar pasar los postres ni los cócteles con tequila, como el famoso margarita.

VIVA MÉXICO

☺ Verja. 27.
07013 Palma de Mallorca

☎ 971 453 393

PRECIO: €

Los platos más populares de la cocina mexicana en este buen restaurante en el que las veladas se amenizan con música tradicional. Amplia oferta de bebidas y cócteles.

CANTINA MEXICANA

☺ Encarnació, 51.
08024 Barcelona

☎ 932 106 805

PRECIO: €

Interesante restaurante mexicano situado en el barrio de Gracia. Entre sus platos tienen especial aceptación la machaca o la carne de ternera deshilachada con salsa picante y huevos.

EL DESVÁN

☺ Passatge de Vila i Rosell, 4.
08032 Barcelona

☎ 933 572 222

El Desván presenta una cocina que mezcla México y el sur de Estados Unidos. Buena comida Tex-Mex, acompañada de tequila y bourbon y amenizada con música blues, soul y rock.

EL MEXICANO
DE BARCELONA

☺ Villarroel, 233.
08036 Barcelona

☎ 934 305 916

PRECIO: €

Moderno restaurante situado en el Eixample barcelonés donde encontrar especialidades como chile en nogada o guacamole. Gran variedad de antojitos.

EL RINCÓN MEXICANO

☺ Alfons XII, 94.
08006 Barcelona

☎ 934 144 515

PRECIO: € €

Con amplio salón y decoración típica, presenta las especialidades mexicanas más famosas: nachos, burritos, enchiladas...

EL ÚLTIMO AGAVE

☺ Aragó, 193. 08011 Barcelona

☎ 934 549 343

PRECIO: €

Enchiladas, tacos, sopas, nachos...Cocina tradicional y típica de México que huye del Tex-Mex. Amplio establecimiento con dos niveles.

MARGARITA BLUE

☺ Josep Anselm Clavé, 6.
08002 Barcelona

☎ 934 125 489

PRECIO: €

En el casco antiguo de Barcelona se puede degustar la mejor comida Tex-Mex. Fajitas y nachos acompañan a los tomates verdes fritos, la especialidad de la casa. Abre todos los días.

MARÍA BONITA

☺ Girona, 57.
08009 Barcelona

☎ 933 177 033

PRECIO: €

María Eugenia Morán regenta este moderno establecimiento donde su hijo Mauricio López prepara platos fieles a la tradición culinaria mexicana. Entre sus especialidades destacan la ensalada de nopalitos, el solomillo a la Bárbara o el pescado a la Veracruz. Excelentes antojitos en un local cómodo y acogedor. Buenos cócteles.

MÉXICO LINDO

☺ Regàs, 35. 08006 Barcelona

☎ 932 181 818

PRECIO: €

En el barrio de Gràcia, México Lindo ofrece deliciosa comida mexicana, donde destaca la carne tampiqueña. De lunes a viernes ofrecen buffet libre, y de jueves a sábado, actuación de mariachis.

PANCHITO

☺ Amigó, 57. 08021 Barcelona

☎ 932 022 131

PRECIO: €

Buena cocina mexicana entre la que destacan los habituales nachos, enchiladas, la tinga y los nachos de bistec. También son muy recomendables los exquisitos postres caseros. Tiene otro local en la calle Vico, 28.

PANCHITO

☺ Espalter, 1. 08810 Sitges

☎ 938 947 909

PRECIO: €

Establecimiento donde picar, comer y tomar auténticas margaritas. Buena comida mexicana, servida en su terraza o en el pequeño local de dos pisos.

SÍ SEÑOR

☺ Avda. Diagonal, 593.
08014 Barcelona

☎ 934 190 340

📠 934 199 471

@ sisenorb@mx3.redestb.es

PRECIO: €

Con capacidad para 200 comensales, este restaurante ofrece buenas especialidades, entre las que sobresalen la carne asada a la tampiqueña o el solomillo poblano.

TIJUANA
Còrsega, 232.
08036 Barcelona
932 171 860
PRECIO: €
Con una ambientación típica de una cantina mexicana, este restaurante especializado en comida Tex-Mex ofrece tacos, rancheras, enchiladas y tequila.

CÓRDOBA

CANTINA MACHITO
Marruecos, 22.
14004 Córdoba
957 454 841
PRECIO: €
Buen establecimiento donde encontrar las recetas más tradicionales. Estupendos tacos, quesadillas y fajitas.

GIRONA

ESCONDIDO CAFÈ
Bisbe Tomàs de Lorenzana, 9. 17002 Girona
972 205 851
PRECIO: €
Frecuentado por jóvenes, este establecimiento sirve lo mejor de la gastronomía mexicana. Quesadillas, frijoles, enchiladas, fajitas y la mejor cerveza.

LAS PALMAS

VIVA ZAPATA
La Naval, 4. 35008 Las Palmas de Gran Canaria
928 469 747
PRECIO: €
Restaurante mexicano que traslada al comensal canario a la otra orilla del océano Atlántico. Ofrece a sus clientes buena comida mexicana.

MADRID

ADELITA'S AHORITA MISMO
Capitán Haya, 30.
28020 Madrid
915 569 305
PRECIO: € €
Buena cocina mexicana amenizada con actuaciones de mariachis los fines de semana. Entre sus recetas se recomiendan los moicajetes, las fajitas de langostino o el chile relleno estilo Veracruz.

BARRIGA LLENA
Augusto Figueroa, 37.
28004 Madrid
915 226 346
madrid@lapanzaesprimero.com
PRECIO: €
Platos basados en la tradición culinaria mexicana preparados con imaginación. Aconsejable el ceviche de pescado con aceitunas y cilantro.

CANTINA MEXICANA
Tesoro, 31. 28004 Madrid
915 220 416
PRECIO: €
Curioso local con estufa de leña y retratos de revolucionarios. Pueden degustarse el chile con queso, la mochaca o las enchiladas.

COYOACAN
Camilo José Cela, 1.
28230 Las Rozas
916 401 637
PRECIO: €
Restaurante con una carta que ofrece desde las habituales entradas, quesadillas y tacos, hasta ensaladas, arroces o carnes.

EL CHARRO MEXICANO
San Leonardo, 3.
28015 Madrid
915 475 439
PRECIO: €
Casi cincuenta años después de su apertura, este restaurante sigue siendo un espacio íntimo y cálido donde disfrutar de las especialidades mexicanas. Su éxito y su tamaño aconsejan reservar.

EL MARIACHI
Huertas, 24. 28014 Madrid
913 694 155
PRECIO: €
Viernes y sábado noche los mariachis alegran la cena en este típico local mexicano. Entre sus especialidades, el pollo con mole o la carne a la tampiqueña. Los fines de semana conviene reservar.

ENTRE SUSPIRO Y SUSPIRO

Caños del Peral, 3.
28013 Madrid
915 420 644
PRECIO: € €
Alta cocina mexicana de calidad, que sigue la auténtica tradición culinaria y se aleja de tópicos turísticos. Especialidades en solomillo de cerdo con mango y chipotle y pollo al mole. Local acogedor que alberga una impresionante colección de tequilas. Necesario reservar.

LA LEYENDA DEL AGAVE
Núñez Balboa, 37.
28001 Madrid
914 311 606
carlosfigura@laleyendadelagave.com
PRECIO: €
Interesante restaurante mexicano que ofrece gran cantidad de platos variados. Más allá de enchiladas y tacos, ofrece buenas sopas, ensaladas y platos de pescado.

LA MORDIDA

Las Fuentes, 3. 28013 Madrid
915 591 136
informacion@lamordida.net
PRECIO: €
Especializado en tacos y enchiladas y con una buena relación calidad-precio. Para comer, tacos de pastor, de pollo o ternera con piña. Para beber, las mejores cervezas mexicanas o la selección de cócteles.

LA PANZA ES PRIMERO
Campoamor, 2.
28004 Madrid
913 198 215
madrid@lapanzaesprimero.com
PRECIO: €
Sólo sirven tortas, tacos y cocina Tex-Mex, pero el buen sabor de estos platos merece la pena. De la conchinita pibil a los tacos de nopales, los huitlacoche o las quesadillas, variados y gustosos.

LAS MAÑANITAS

Fuencarral, 82.
28004 Madrid

915 224 589

PRECIO: €

Alejada de tópicos en cuanto
a decoración y comida, es fiel
a la tradición, pero combinándola
con modernidad. Especialidad
en guisos, birria de cordero
o conchinita pibil. Servicio a
domicilio. Dispone de un espacio
donde adquirir vajillas, cubertería,
complementos y espejos
importados de México.

ÓRALE COMPADRE

Pradillo, 30.
28002 Madrid

914 134 547

www.oralecompadre.com

PRECIO: €

Los tacos del pastor son las
especialidades de este buen
restaurante mexicano, donde se
pueden probar éste y otros platos
mientras formaciones de
mariachis interpretan música
tradicional. Los fines de semana
es conveniente reservar con
antelación.

SÍ SEÑOR

Paseo de la Castellana, 128.
28006 Madrid

915 618 686

sisenorc@todoesp.es

PRECIO: €

Establecimiento que, aparte de
ofrecer delicias mexicanas,
ameniza la velada con una fiesta
mariachi cada jueves. Los fines
de semana dispone de servicio de
canguros y de aparcacoches.
Un detalle: los niños que midan
menos de un metro comen gratis.

TAQUERÍA DEL ALAMILLO

Plaza del Alamillo, 8.
28005 Madrid

913 642 088

PRECIO: €

Cocina mexicana elaborada
con cariño y atención,
individualizando cada plato.
Deliciosas recetas, entre
las que destacan el cerdo con
piña, los tacos en tortilla de maíz
o las morcajetas. Este local
también dispone de una
agradable terraza.

EL PASO

Francisco Cano, 39.
29640 Fuengirola

952 475 094

PRECIO: €

Al más puro estilo mexicano, el
restaurante El Paso presenta los
clásicos culinarios mexicanos,
entre los que sobresalen las
enchiladas.

CHARROMEX

Valle Inclán, 17.
32004 Ourense

988 22 63 60

www.mundourense.com/
charromex/

PRECIO: €

Buen establecimiento
especializado en tacos elaborados
con materias primas mexicanas.
Ofrece también platos como los
camarones o chistorra al tequila.
Dispone de parking gratuito para
sus clientes.

LA HACIENDA

Plaza Playa del Duque, s/n.
38660 Adeje (Tenerife)

922 746 900 (ext. 1980)

club.house@bahia-
duque.com

www.bahia-duque.com

PRECIO: €

La Hacienda es uno de los
restaurantes especializados del
lujoso hotel Bahía del Duque.
Con entrada independiente desde
el paseo de la playa, ofrece en su
bello local con terraza lo más
típico de México en un ambiente
distinguido.

PANCHO VILLA

Avda. Rafael Puig Lluvina,
s/n. 38660 Arona (Tenerife)

922 757 700

evc@europe-hotels.org

www.europe-hotels.org

PRECIO: € €

Europe Hoteles cuenta en su
complejo turístico de Arona con
el bello hotel Villa Cortés y un
restaurante mexicano donde
disfrutar con los mejores y más
tradicionales platos del país.

AMANECER

Avenida de las Ciencias,
Edificio Universo, Local 2.
41020 Sevilla

954 441 524

PRECIO: €

Amplio local especializado en
cocina mexicana. Las
recomendables enchiladas se
mezclan con tequila y música de
mariachis en este establecimiento
ideal para cenas en grupo.

EL CHARRO LOCO

Alameda Recalde, 11.
48008 Bilbao

944 249 089

PRECIO: €

El primer mexicano abierto en
Bilbao es fiel a la cultura
gastronómica del país, ofreciendo
alta cocina con lo mejores
platillos de cada región mexicana.
Amplia carta más allá de nachos y
fajitas. Su especialidad es el chile
en nogada.

ÁNDALE

Diagonal, 557
(CC Illa Diagonal).
08029 Barcelona

933 211 017

Abierto de 9:30-21:30.
Considerada la quinta tienda más
bien surtida en productos
mexicanos de Europa y la mejor
de España, Ándale dispone de la
exclusividad de distribución de
ciertas marcas de tequilas, vinos
y cervezas.

CAPRICHOS LATINOS

Maladeta, 14.
08906 Barcelona

934 377 121

Abierto de 10:00-22:00.
Domingos tarde cerrado.
Variado establecimiento de
alimentación que importa lo
mejor de 13 países
latinoamericanos. Los productos
de alimentación más típicos de
México, como chiles, tortillas,
salsa o tequilas, se pueden
encontrar en este local.

COLMADO AFROLATINO

Vía Layetana, 15.
08003 Barcelona

933 104 234

932 682 743

Abierto de 9:00-21:00 todos los
días de la semana.
Amplia oferta de productos
latinoamericanos y mexicanos.
Chiles, salsas y todo lo típico de
México, desde frijoles a tequila
de importación.

CASA CASLA

Plaza Guipúzcoa, 7.
20004 San Sebastián

943 420 842

Abierto de 9:00-13.30 /
17:00-20:00. Sábados tarde
y domingos cerrado.
Pequeño establecimiento, pero
que dispone de productos
mexicanos de calidad importados
directamente desde el país
americano. Lo más habitual y
auténticos productos autóctonos
como miel de maple u hongos
quitacoche.

CANASTA MEXICANA

Segovia, 15. 28005 Madrid

913 665 794

Abierto de 11:00-14:00 /
16:30-21.00. Sábados 12:00-14:30 /
16:30-20:00. Domingos cerrado.
Establecimiento dedicado
únicamente a productos de
alimentación mexicana. Todo tipo
de chiles, totopos, tostadas,
quesos, frijoles… Entre las
bebidas, gran variedad de
cervezas, tequilas, mezcales y
vinos. También vende productos
de artesanía y sirve comida
preparada para llevar.

TIENDA NATIVO

General Ricardos, 136.
28019 Madrid

914 710 069

Abierto de 10:00-22:00 todos
los días.
Especializada en alimentación
centro y sudamericana, dispone
de un surtido interesante con los
más típicos productos mexicanos.
Chiles, frijoles o tortillas, entre
otros.

TROPICALIA

Matías Perelló, 52.
46005 Valencia

963 346 917

Abierto de 10:00-14:00 /
17:00-21:00. Sábados tarde
y domingos cerrado.
Auténticos chiles, jalapeños y los
productos más típicos de México
importados directamente para
este establecimiento
especializado en alimentación
latinoamericana.

Glosario

Acitronar
En México, sofreír ciertos alimentos, especialmente la cebolla, hasta que queda transparente.

Antojitos
Bocados variados a modo de tapas que tienen su propia categoría dentro de la cocina mexicana.

Barbacoa
Tradicionalmente, hoyo en la tierra que se calienta con carbón o leña encendidos, o piedras muy calientes, dentro del cual se coloca el alimento que desea cocinarse (normalmente carne o pescado) envuelto en hojas vegetales. Se tapa el hoyo y se enciende fuego encima.

Betabel
Remolacha.

Bolillo
Panecillo.

Botana
El equivalente a la tapa.

Cacahuazintle
Variedad de maíz de mazorca grande y grano tierno, redondo y blanquecino.

Cajeta
Dulce muy espeso elaborado a base de leche de cabra y azúcar típico de Celaya y Guanajuato.

Cambray
Variedad de verduras muy pequeñas y muy tiernas. Equivale a las verduras y hortalizas *baby* que se consumen en España.

Capear
Técnica de rebozado que consiste en pasar los alimentos por huevo, del que previamente se han batido las yemas y las claras por separado para conseguir una rebozado más esponjoso; posteriormente, los alimentos se pasan por harina.

Cártamo
Alazor. Planta anual de la familia de las Compuestas, de aproximadamente medio metro de altura, con ramas espesas, hojas lanceoladas y espinosas, flores de color azafrán que se usan para teñir, y semilla ovalada, blanca y lustrosa de la que se extrae un aceite comestible que, junto con el de girasol, es de los más ricos en ácido linoleico.

Ceviche (o cebiche)

Plato de pescado o marisco crudo
cortado en trozos pequeños
y preparado en un adobo de jugo
de limón o naranja agria, cebolla picada,
sal y ají.

Charales

Peces lacustres de pequeñas
dimensiones (unos 5 centímetros)
y color blanco o semitransparente
muy típicos de los lagos de Jalisco
y Michoacán. En los mercados
mexicanos suelen venderse secos.
Pueden sustituirse por
boquerones pequeños.

Chícharos

Guisantes.

Desvenar

Retirar las venas de ciertos alimentos,
sobre todo de los chiles.

Desflemar

Remojar alimentos (chiles,
pimientos, cebollas, etc.) en agua
con sal, vinagre o limón para suavizar
los sabores excesivamente intensos
y penetrantes.

Enchilada

Tortilla de maíz enrollada, rellena
de carne (pollo, ternera, cordero, etc.)
y cubierta de salsa con chile.

Epazote

Hierba de color verde oscuro,
de hojas largas, lanceoladas y algo
dentadas. Tiene un olor muy particular
y un sabor ligeramente picante.
Se emplea mucho en la cocina mexicana
para la elaboración de salsas para
pescados, carnes, sopas y frijoles.

Esmedregal

Pez típico mexicano del golfo de
México.

Flor de Jamaica

Flor de un tipo de hibisco,
concretamente del *Hibiscus sabdariffa,*
que suele venderse seca. En México
se utiliza sobre todo para preparar
agua de Jamaica, una infusión que
se bebe fría y resulta muy refrescante,
pero también interviene en algunos
guisos.

Higo chumbo

Fruto del nopal o higuera de Indias.
Es de forma ovalada y color rojo
anaranjado y tiene una piel gruesa
con numerosas espinas. En el interior,
está lleno de pepitas que se rompen
y su carne tiene un sabor acidulado.

Huauzotle

Planta de la familia de las
Quenopodiáceas, de pequeñas
flores comestibles.

Huitlacoche

Cuitlacoche. Hongo negro que nace en las mazorcas de maíz y que en México se considera un manjar exquisito. Puede comprarse fresco a un precio bastante elevado o enlatado en tiendas especializadas.

Huachinango

O guachinango. Pez marino comestible, con el cuerpo y las aletas de color rojizo, el vientre y los laterales rosados y los ojos rojos.

Isomalt

Sustituto del azúcar elaborado a partir del azúcar de remolacha mediante un proceso de dos fases: primero se combinan de nuevo la glucosa y la fructosa del azúcar con la ayuda de enzimas naturales y, en la segunda fase, se efectúa una hidrogenación. A veces recibe el nombre de "azúcar bueno" o "azúcar sano", porque tiene sólo la mitad de calorías que el azúcar normal, es apto para diabéticos, no provoca caries y actúa como la fibra.

Jícama

Tubérculo comestible grande, duro y quebradizo, de forma achatada, con una carne blanca y jugosa que se acostumbra a comer aderezado con sal y limón.

Leche evaporada

Leche entera concentrada por evaporación de gran parte de su contenido en agua y esterilizada. Es como la condensada pero sin azúcar.

Mamey

Árbol originario de las Antillas, muy común en México, cuyo fruto es carnoso y muy dulce. La pulpa presenta un color anaranjado semejante al del albaricoque, aunque la carne no es tan firme.

Molcajete

Típico mortero de piedra de tres pies que suele emplearse para moler especias, chiles y hierbas. La mano de mortero se denomina tejolote o temachín.

Pipián

Salsa espesa a base de semillas de calabaza. Puede ser verde o rojo en función de color de las semillas.

Rajitas (Rajas)

En México, se denominan rajas o rajitas las tiras de chile.

Tamales

Mezcla de masa batida con grasa, rellena y condimentada a la usanza de cada lugar, envuelta en hoja de maíz o plátano y cocida al vapor.

Tomatillo

Tomate de cáscara o tomate verde originario de México. Se usa en sopas, guisos, antojitos y para dar variedad a las salsas con su característico color verde intenso.

Tortillas

Sustitutas del pan en las comidas. Son discos redondos de masa de maíz (que suele comprarse ya preparada y envasada) que se tuestan brevemente. Cortadas en cuatro se doblan y sirven de cuchara y, si se fríen, se convierten en totopos (nachos). Dobladas en dos, rellenas de carne deshebrada y regadas en salsa picante se transforman en enchiladas. Recortadas en círculos más pequeños y fritas con los ingredientes acumulados encima se denominan tostadas. Enrolladas con una gran variedad de rellenos son los tacos, y las de varios días cocinadas en salsa de queso y crema se llaman chilaquiles.

Índice de recetas